NALRC
African La

Natulande iciBemba

Let's Speak iciBemba
(A First-Year Textbook)

Shadreck Kondala

&

Kelvin Mambwe

NALRC PRESS

Madison, Wisconsin

2011

"Let's Speak" African Language Series
Antonia Fọlárìn Schleicher, Series General Editor

Also in the "Let's Speak" Series:
Tuseme Kiswahili, Dardasha: Egyptian Arabic, Tosolola Na Lingala, Masikhulume Isizulu, Let's Speak Amharic, A Re Bueng Setswana, Ngatitaure Shona, Bua Sesotho, Ma Yenka Akan (Twi), Af Soomaali Aan Ku Hadalno (Hadallo), Mù Zântā Dà Harshèn Hausa, Bɛ̄tɔ̄ Kikɔ̄ngɔ, *Nanu Dégg Wolof, Asikhulume IsiNdebele, Asikulume SiSwati, Ka Anyị Sụọ Igbo*

© 2011 NALRC

The development and the publication of the NALRC "Let's Speak" African Language Series is made possible through a grant from the U.S. Department of Education's IEGPS (International and Education and Graduate Programs Service).

NALRC Publications Office
Antonia Folárìn Schleicher, Series General Editor
Isaac Akere, Assistant Editor
John Adeika, Production Editor
Charles Schleicher, Copy Editor
Aquilina Mawadza, Project Coordinator

NALRC "Let's Speak" African Language Series, Let's Speak Ndebele – Elementary Level

Library of Congress Cataloging-in-Publication Data

Kondala, Shadreck.
 Natulande iciBemba = Let's speak Bemba : (a first-year textbook) / Shadreck Kondala & Kelvin Mambwe.
     p. cm. -- (NALRC "Let's speak" African language series)
 Parallel title: Let's speak Bemba
 English and Bemba.
 Includes bibliographical references and index.
 ISBN 978-1-59703-021-2 (softcover : alk. paper)
 1. Bemba language--Textbooks for foreign speakers--English. I. Mambwe, Kelvin. II. Title. III. Title: Let's speak Bemba. IV. Series: Let's speak African language series.
 PL8069.2.K66 2010
 496'.391583421--dc23
            2011021512

Published and Distributed by:
National African Language Resource Center
4231 Humanities Building
455 N. Park St.
Madison, WI 53706
Phone: 608-265-7905
Email: nalrc@mailplus.wisc.edu
http://lang.nalrc.wisc.edu/nalrc

Let's Speak African Language Series

The *Let's Speak An African Language* series is the first series of Communicatively Oriented African language textbooks developed in the United States. The series is based on the model of *Jẹ́ K'Á Sọ Yorùbá* (Let's Speak Yoruba) written by Antonia Folarin Schleicher in 1993. The need for the series arose to fill the gap of providing African language learners with not only up to date materials, but also materials that will prepare them to truly communicate in their respective African languages.

The series is based on the Communicative Approach to language learning in the sense that learners are provided with activities that will help them to perform functions that native speakers of these languages perform in their appropriate cultural contexts. The grammars and the vocabulary in the textbooks are those that will help the learners to perform appropriate functions. The monologues and the dialogues are authentic in the sense that they present real life situations. The activities in the texts are also tailored to assist learners in acquiring the necessary skills such as listening, speaking, reading, and writing.

Natulande iciBemba is the seventeenth in this series to be modeled after *Jẹ́ K'Á Sọ Yorùbá*. There are African language scholars currently working from the same model for Tigrinya and Pulaar. If you are interested in using this model to develop materials for the language that you teach, please contact the staff of the National African Language Resource Center (NALRC). Manuscripts are subject to external review and need to follow the theoretical framework established for the series.

A series such as this depends on the vision, goodwill and labor of many. Special appreciation is extended to the National Security Education Program that provided the original grant that supported the author in developing this textbook. We are also indebted to the U.S. Department of Education's IEGPS (International and Education and Graduate Programs Service), the NALRC staff, the three anonymous reviewers, the NALRC Advisory Board, as well as various individuals who support the efforts of the NALRC in promoting African language pedagogy nationally and internationally. Without the support, advice and assistance of all, the Let's Speak African Language Series would not have become a reality.

Antonia Folárìn Schleicher
Series General Editor

Natulande iciBemba

Let's Speak iciBemba

A Multidimensional Approach to the

Teaching and Learning of

iciBemba

As a Foreign Language

By

Shadreck Kondala

&

Kelvin Mambwe

© 2011 The National African Language Resource Center
University of Wisconsin-Madison
Madison, Wisconsin
USA

IFILIMO / CONTENTS   PAGE/ IBUULA

Preface	*xv*
Acknowledgements	*xvii*
Biography	*xviii*

1. Isambililo lya Ntanshi/ **Preliminary Lesson:**.. 1
   Social Interaction – First Encounter
   Ukuposha panshita ishapusana-pusana / Greeting at different times......... 2
   Informal greetings/ **ukuposha kwakwangala**.. 4
          Intambi / Culture: Greetings 5
          Ulupwa / Kinship 7
          Intambi /The Extended Family.. 8
   Amashina / Names 9
   Classroom Expressions/ **ifyakulanda mukalashi**........................... 10
   Vowels and Consonants /**amafawelo na amakonsonanti**............. 11
   Syllables 12
   A note on Bemba Consonants 13
   Tone 13
   Ukupenda/ Counting 14
   Days of the Week 14

2. Isambililo Iya Pakubala/**Lesson One**.. 19
   Introducing Oneself
   Ukulondolola/Explaining: Mwila talks about himself 19
   Ilyashi/Dialogue: Chisha introduces himself to Musonda............ 20
   Asking and Telling Names.. 21
   Intulo / Nationalities 22
   Ilyashi/dialogue: Meeting for the first time 23
   Ilyashi / dialogue: Mulenga meets two visitors 23
   Gilama / Grammar: Personal Pronouns and Subject Prefixes 25
   Object Pronouns 26
   Conjunctive Pronouns 26
   The Present Habitual Tense 26
   -nga? / How many? 29
   Ilyashi/dialogue: Professor Mofu is greeted by a new Teaching Assistant 31

3. **Isambililo lya Bubili / Lesson Two** 35
   The Family
   Ukuisosha/Monologue: Anna talks about her family 35
   Gilama / Grammar: **Ifilangililo** / Demonstratives 37
   Ilyashi / Dialogue: Musonda and Sarah talk about other people 38
   Gilama / Grammar: ama ajekitifu / Adjectives 39
   Intambi /Culture: The Family 41
   Ifinama / Animals 41
   Ukupenda: 10-1000 42
   Gilama / Grammar: More Tenses 43
         Negative Tenses 44

4. **Isambililo lya Butatu /Lesson Three** 49
   Activities and Life at Home
   Ukuisosha/ Monologue: Mwansa, a university
                  student talks about her two friends 51
   Amashina yandimi/ Names of Languages... 52
   Languages of Zambia 53
   Gilama / Grammar: **Banauni**/Nouns 55
         Possessives 57
         More Tenses 57
   Ukuisosha/Monologue: Rose and Mwape give a presentation 59
   Gilama / Grammar: Negative Tenses 60
   Ukupitulukamo / Review 61

5. **Isambililo lya Bune / Lesson Four** 65
   Housing and Accommodation
   Ukuisosha/Monologue: Nkole talks about his house 66
   Intambi / Culture: Houses and Homesteads 68
   Gilama / Grammar: Locatives 69
         Animal Class Nouns 70
         Demonstratives and Possessives 71
   Ukuisosha/Monologue: Mwila talks about his siblings 71
   Gilama / Grammar: Expressing what is there? / Cinshi cili uko? 72
   Ilyashi /Dialogue: Bana Mumbi looks for Mumbi................................. 73

6. **Isambililo lya Busaano / Lesson Five**.. 79
   People, Nationalities and Age
   Ukuisosha/Monologue: Molly speaks about her friend Mutale 79
   Intambi / Culture: Birthdays 80
   Gilama / Grammar: Personal Pronouns and Nationalities 81
   Ukuisosha/Monologue: Nsofwa talks to Christian 81
   Gilama / Grammar: Ukupeenda 82
   Talking about age 84
   Ilyashi / Dialogue: Chanda meets Rose and tries to speak to her 85

7. **Isambililo lya Mutanda / Lesson Six**.. 87
   Personalities
   Ukuisosha/Monologue: Mapalo describe her family 87
   Intambi / Culture: Concept of Beauty 91
   Gilama / Grammar: More on Adjectives, Adjectives with Plural Nouns 92
       The verb *to have* 94
       Negative of the verb *to have* 94
   Ukupitulukamo / Review 96

8. **Isambililo lya Cine Lubali / Lesson Seven** 99
   Going on a Trip
   Ukuisosha/Monologue: Marian visits the Victoria Falls with her friend .. 99
   Intambi / Culture: Victoria Falls and Ing'ombe ilede............................. 100
   Gilama / Grammar: Future Tense 102
       Negative Future Tense 102
       Recent Past Tense 104
       Remote Past Tense 104
       Negative Remote Past 105
       The Infinitive **ku-** 105
       The Negative Infinitive 106
   Ukuisosha/Monologue: Rose speaks with her friend on the phone 108

9. **Isambililo lya Cine Konse- Konse / Lesson Eight** 111
   Means of Transport
   Ukuisosha/Monologue: Chibesa talks about their journey to Harare 111
       Amashina ya myeshi / Names of the Months 113
       Adverbs and Degree of Frequency Phrases 114
       Time Oriented Adverbs 115
       Past Progressive Tense 116
       The Negative Past Progresssive Tense 117
   Expressing **Nenshi?** / By what means? 119
   Intambi / Culture: **Inshila yakwendelamo** / Means of Transport 119

xi

Ilyashi / Dialogue: Nwape talks to Bana Kasonde........................... 120
Gilama/Grammar: Stative Verbs 121

10. Isambililo lya Paabula / Lesson Nine 123
Clothing
Ukulondolola: Mother talks about dressing for a school occasion 123
Gilama / Grammar: Relative markers 125
       Amalangi /Color 128
Intambi / Culture: Ukufwala / Clothing 131
Ukuisosha/Monologue: Rose goes to a wedding 132
Ukupitulukamo / Review 133

11. Isambililo lya Ikumi / Lesson Ten 135
Shopping
Ukulondolola: Mwape goes shopping 137
Intambi / Culture: Ukushita / Buying 138
Ilyashi/dialogue: Bwalya is at the market 139
Gilama / Grammar: **li-** / **ma-** noun class... 140
       Imperatives 141
       Negative Imperatives 141
       Subjunctives 142
       Negative Subjunctives 143

12. Isambililo lya Ikumi Na Cimo / Lesson Eleven 149
Different Foods
Ukuisosha/Monologue: Kasuba talks about the different foods she eats .. 149
Inama / Meat 150
Umusalu, Ifisabo na fimbipo / Vegetables, Fruits and other things 151
Some Bemba Traditional Foods 152
Intambi / Culture: Ubwali among the Bemba people 154
Gilama / Grammar: **ci-** ~ **fi** class of nouns 155
Ilyashi/dialogue: In a restaurant 156

13. Isambililo lya Ikumi Na Fibili / Lesson Twelve 159
Time
Ukuisosha/Monologue: Mwenya talks about her day 159
Gilama / Grammar: **Inshita** / Time 161
Time words 162
Intambi / Culture: Inshita 162
    Concept of Time 164
Gilama / Grammar: Conjunctions 165
Ilyashi/dialogue: Asking about the time 166
Ukupitulukamo / Review 166

14. Isambililo lya Ikumi Na Fitatu / Lesson Thirteen 169
Professions
Ukushimika: Mr. Ba Lombe's job 169
Gilama / Grammar: Asking about people's professions 171
Ilyashi/dialogue: Bwembya meets his primary school teacher 173
Gilama / Grammar: Abstract Nouns 173
    Expressing *still*..., Expressing *Can I*... 174
Intambi / Culture: Occupations in the rural and urban settings 176

15. Isambililo lya Ikumi Na Fine/Lesson Fourteen 179
Ceremonies and Celebrations
Ukuisosha/Monologue: Father calls aunt 179
Words on celebration 181
Intambi / Culture:Important Bemba ceremonies 181
Congratulatory Expressions 183
Condolences Expressions 183
Gilama / Grammar: Asking about ceremonies 183
    Locatives 184
    Passive **-w-, -iw-, -ikw,** causative **-ishi ~ -eshi-** 184
Bemba Traditional Celebrations 186
Bemba Modern Celebrations and Public Holidays 186
Ilyashi/dialogue: Susan talks about a wedding invitation 187

16. Isambililo lya Ikumi Na Fisaano / Lesson Fifteen 189
Daily Routinue
Ukushimika: Bana Bwalya talks about her daily chores at her rural home 189
Gilama / Grammar: **ka- ~ tu-** Nouns 192
    ku- Verbal Nouns 192
Dayali Yabamayo / Mother's Diary 192
Ilyashi/dialogue: Susan meets her sister in town 193
Ukupitulukamo / Review 194

17. Isambililo lya ikumi Na Mutanda / Lesson Sixteen	**199**
Languages and Countries of Africa	
Ukuisosha/Monologue: Mwansa introduces her cousin Chishala	199
Zambia National Anthem	200
Useful Terms on Countries	203
Gilama / Grammar: The adjective **ifingi** / many	205
Expressing **-mo** ~ one, same, another, certain	205
Expressing **-onse** ~ **-eka** all, alone	206
The mu- ~ **mi-** noun class	206
Intambi / Culture: About the Bemba Language	208
Ukushimika: Professor Mutale talks about the places he has visited	208
18. Isambililo lya ikumi na Cine-lubali / Lesson Seventeeen	**211**
Asking and Giving Directions	
Ukuisosha/Monologue: Mulenga gives directions to his house................	212
Intambi / Culture: Asking for Directions	214
Gilama / Grammar: Expressing about to..	215
Neuter Verb Extension **-ik-** ~ **-ek-**	217
Ilyashi/dialogue: Chisanga gets lost in town	219
19. Isambililo lyeekumi na Cine Konse- Konse / Lesson Eighteen	**251**
University Life	
Ukuisosha/Monologue: Martin speaks about his studies at university ...	251
Intambi / Culture: Traditional and Modern Forms of Education	225
Gilama / Grammar: Professions	227
Ilyashi/dialogue: Telephone Conversation	228
Ukupitulukamo / Review	229
Bemba-English Glossary	*233*
English-Bemba Glossary	*251*
References	*270*

PREFACE

Let's Speak Bemba, **Natulande iciBemba** is based on a communicative approach to language learning. Language structure and cultural aspects are all embedded in the different dialogues, monologues and narratives. The dialogues, monologues and narratives touch on different aspects of life among the Bemba starting with greetings.

Aims of the Book
The book aims to provide a foundation of speaking, reading and writing the Bemba language. It aims to give an understanding of language structure but at the same time immersing the student in the Bemba culture through cultural notes. The monologues and dialogues also give a good foundation of speaking as they are based on everyday Bemba talk.

Content and Layout
Each lesson is introduced as follows:

Imilandu/ifyotwalasambilila/what we will learn

Topic: *Introducing Oneself*
Function/Aim: More greetings, introducing oneself, thanking people
Grammar: Subject Pronouns, Present Tense, Nationalities
Cultural Information: Importance of greetings and the appropriate social interaction that goes with them.

Each lesson consists of the following:
(i)   Monologue/Narrative (explanation)
(ii)   Dialogue
(iii) Grammar
(iv)   Cultural Notes
(v)   Activities/Exercises

Monologue, Dialogue, Narrative
Each lesson consists of a monologue or narrative and dialogue. These are meant to provide the student with a foundation for speaking the Bemba language. As such, the student is encouraged to practice them for use in his/her conversations.

Exercises

The exercises provide the student an opportunity to practice and test themselves. Exercises are based on the dialogues, monologues or the grammatical and cultural aspects that are covered in the lesson

Cultural Notes

Each lesson also consists of a section on culture. As such the student acquires the language within the context of the Bemba culture.

Grammar

Different grammatical aspects, from noun classes to verb extensions are introduced in each lesson. The grammar introduced in each lesson is often tallied with the monologues and dialogues in that particular lesson. This is to facilitate easier understanding of the grammar of the language.

Glossary

The book contains a Bemba-English glossary at the end of each lesson. It also provides a Bemba-English and English-Bemba glossary at the end of the book for easy reference.

Review

After every three lessons, there is a review lesson based on issues dealt with in the previous three chapters.

ACKNOWLEDGEMENTS

I would like to thank Shadreck Kondala for his contribution at the initial stages of this project and Kelvin Mambwe for a thorough job editing this book. I also wish to thank John Adeika for his assistance with formatting and production editing work. Special thanks should be given to Professor Antonia Schleicher for her mentorship throughout this project.

I would also want to acknowledge Anthony Mulenga for her assistance with getting photos from Zambia.

Aquilina Mawadza
Project Coordinator

BIOGRAPHY

Shadreck Kondala holds a Bachelors degree with a major in Linguistics and African languages and a minor in English. He is currently pursuing a Masters degree in Literature in African languages at the University of Zambia. As a translator, he has been involved in various local translations into the Bemba language.

Kelvin Mambwe teaches linguistics and African languages at the University of Zambia. He has also taught at the Zambian Open University. He holds a Master of Arts degree in linguistic science from the University of Zambia and specializes in Bantu linguistics, particularly morphology and syntax. He has been involved in the development of Bemba Google search engine in collaboration with the Google team based in Kenya. He is currently on study leave from the University of Zambia whilst pursuing his PhD in linguistics at the University of the Western Cape in South Africa.

Isambililo lya Ntanshi
Preliminary Lesson

IMILANDU/IFYOTWALASAMBILILA/WHAT WE WILL LEARN

Topic: Social Interaction, Bemba Names, Counting, Days of the Week
Function / Aim: Greetings and leave taking, pronouns of respect, thanking people
Grammar: Syllables, Sounds and Pronunciations, Tone
Cultural Information: Exchanging greetings between the elderly and young, pronouns of respect.

UKUPOSHANYA / *GREETING EACH OTHER*

First Encounter Greeting

This greeting is always accompanied by a handshake. It is used when you are meeting someone for the first time. It is also used when you have not seen or spoken to the person you are speaking to in a long time.

Young people exchanging greetings among themselves

Bwalya:	**Shaani.**	*Hello. (singular)*
Mwila:	Bwino, shaani.	*Fine Hello. (singular)*
Bwalya:	**Ulifye bwino?**	*How are you?*
Mwila:	**Ndifye bwino, nga iwe ulishaani?**	*I am fine, how about you?*
Bwalya :	**Ndifye** bwino.	*I am fine.*

Young person exchanging greetings with an older person

Bwalya:	**Balishaani mukwai.**	*How are you? (plural, honorific)*
Banyina (mother):	**Bwino ulishaani na iwe.**	*I am fine, how about you?*
Bwalya:	**Ndifye bwino mukwai?**	*I am fine. (honorific)*

Note: At times, the term **mulishaani,** is used in place of **balishaani** in Bemba, although **balishaani** is considered to be more respectful than **mulishaani**. Also note that the word **mukwai** in Bemba marks the honorific form.

Abaantu baleeposhanya *People shaking hands*

UKUPOSHA UKULINGANA NE NSHITA/*GREETINGS AT DIFFERENT TIMES*

Uluceelo / *Morning*

Young people exchanging greetings among themselves

Bwalya:	**Mwashibukeni.**	*Good morning.*
Mwila:	**Mwashibukeni.**	*Good morning.*
Bwalya:	**Wacilala shaani?**	*How did you sleep?*
Mwila:	**Nacilalafye/nacisendamafye bwino katwishi iwe?**	*I slept well, how about you?*
Bwalya:	**Nacilalafye/nacisendamafye bwino.**	*I slept well.*

Note: That nacilalafye bwino is usually used among urban speakers of Bemba and nacisedamafye bwino among rural speakers, although one can still find it used by a few urban people.

Young person exchanging greetings with an older person who is his mother

Bwalya:	**Mwashibukeeni mukwai.**	*Good morning.*
Banyina:	**Eya mukwai washibuka shaani?**	*Good morning*
Bwalya:	Bwino mukwai. **Mwacilala/mwacisendama shaani?**	*How did you sleep?*
Banyina:	**Nacilalafye/nsedemeefye bwino, katwishi iwe?**	*I slept well, how about you?*
Bwalya:	**Nacilalafye/nsedemeefye bwino mukwai.**	*I slept well.*

Banyina:	**Bushe uleeyakwisa/kwi?**	*Where are you going?*
Bwalya:	**Ndeeya ku sukulu mukwai.**	*I am going to school now.*
Banyina:	**Cisuma, wende bwino/umutende.**	*All right, go well.*
Bwalya:	**Shaleenipo bwino/umutende mukwai.**	*Bye, remain well.*

Mukasuba / *Afternoon*

Young people exchanging greetings among themselves

Bwalya:	**Mwabombeni.**	*Good afternoon.*
Mwila:	Eya mukwai, **mwabombeni.**	*Good afternoon.*
Bwalya:	**Waikalashaani kano kasuba?**	*How did you spend the day?*
Mwila:	**Naikalafye bwino, katwishi iwe.**	*I spent the day well, how about you?*
Bwalya:	**Naikalafye bwino.**	*I spent the day well.*

Abaaice baleeposha abakalamba/Young people exchanging greetings with an elderly person

Bwalya:	**Mwabombeni mukwai.**	*Good afternoon.*
Banyina:	**Eya mukwai, mwabombeni.**	*Good afternoon.*
Bwalya:	**Mwaikalashaani kano kasuba/mwaikaleeni?**	*How did you spend the day?*
Banyina:	**Naikalafye bwino, katwishi iwe?**	*I spent the day well, how about you?*
Bwalya:	**Naikalafye bwino mukwai.**	*I spent the day well.*

Icungulo/ Evening

Abaaice baleeposhanya/Young people exchanging greetings among themselves

Mwape:	**Cungulopo.**	*Good evening.*
Bupe:	**Cungulo.**	*Good evening.*
Mwape:	**Waikalashaani muno cungulo?**	*How did you spend the day?*
Bupe:	**Naikalafye bwino, katwishi iwe?**	*I spent the day well, how about you?*
Mwape:	**Naikalafye bwino.**	*I spent the day well.*

Young people exchanging greetings with an elderly person

Bupe:	**Cungulopo mukwai.**	*Good evening.*
Banyina:	**Eya mukwai cungulo.**	*Good evening.*
Bupe:	**Mwaikalashaani muno cungulo?**	*How did you spend the day?*
Banyina:	**Naikalafye bwino, katwishi iwe?**	*I spent the day well, how about you?*
Bupe:	**Naikalafye bwino mukwai.**	*I spent the day well.*

Ukuposha kwakwangala/ Informal Greetings

Two friends greeting each other

Cris:	**Ati shaani Kabwe**	*Hi Kabwe*
Kabwe:	**Shaani Cris**	*Hi Cris*
Cris:	**Ulifyebwino?**	*Are you good?*
Kabwe: :	**Ndifye bwino.**	*I am good.*
Cris:	**Landa kabili?**	*What's up?*
Kabwe: :	**Tapali nangucimo.**	*Nothing special.*
Cris:	**Twalamonana.**	*Catch you later.*

Vocabulary of Greetings

Shaani.	*Hello. (singular)*
Mulishaani.	*Hello. (plural, honorific)*
Ulishaani?	*How are you? (singular)*
Ndifye bwino.	*I am fine.*
Mwashibukeni.	*Good morning.*
Wacilala/usendeeme shaani?	*How did you sleep? (singular)*
Mwacilaala/musendeeme shaani?	*How did you sleep? (plural, honorific)*
Nacilalafye/nsendemeefye bwino.	*I slept well.*
Cisuma, wende bwino.	*All right, go well.*
Wende bwino.	*Go well / travel well (singular)*
Mwende bwino.	*Go well / travel well (plural / honorific)*
Shaleenipo bwino/umutende.	*Bye, remain well.*
Mwabombeni.	*Good afternoon.*
Waikala shaani?	*How did you spend the day? (singular)*
Mwaikala shaani?	*How did you spend the day? (plural, honorific)*
Naikalafye bwino.	*I spent the day well.*
Cungulo mukwai.	*Good evening.*
Landa kabili?	*What's up?*
Tapali nangucimo.	*Nothing special.*
Twalamonana.	*Catch you later.*

ILYASHI / DIALOGUE

Bupe akumanya umunankwe Mwape elyo balaaposhanya. / *Bupe meets his friend Mwape and they greet each other.*

Bupe:	**Shaani Mwape.**	*Hello Mwape.*
Mwape:	**Bwino, shaani?**	*Hello, how are you?*
Bupe:	**Bwino.**	*I am fine.*
Mwape:	**Balishaani abafyaashi?**	*How are Father and Mother?*
Bupe:	**Balifye bwino.**	*They are fine.*
Mwape:	**Cisuma, twalamonana.**	*All right, we will see each other.*
Bupe:	**Cisuma mune.**	*O.K. friend.*

CULTURAL NOTES

Respect

Like many other ethnic groups in Zambia, the Bemba speaking people revere respect amongst each other. In this regard, greeting is one of the main features of respect for the fellow-being. Therefore, every person is expected to share a greeting with others regardless of how busy one might be. A greeting in Bemba usually goes with a handshake. It is in fact considered disrespectful to avoid a handshake form an adult. In as much as respect for fellow-beings is expected from everyone, young people are expected more to respect adults. Thus a child is expected to make courtesy by bending his/her knee when greeting an adult. Women are expected to show respect to men in a similar way as children. This does not mean that young men should not respect female adults. The form of respect among in-laws becomes complex and different in pattern. A son-in-law is not expected to shake hands with his mother-in-law just as a daughter-in-law should not shake hands with a father-in-law. Hugs as a form of greeting is not entertained among the Bemba people as it is considered to have sexual connotations. Furthermore, when addressing adults one should include the prefix **Ba-** which precedes the name of the person or the prefix Mu- when greeting, for example, mu-lishaani ba Robert? "How are you Mr. Robert?"

Totems

In some cases, one can praise the other person during a greeting with a totemic praise. A totem, **umukowa**, in Bemba is a family name passed down from one generation to another through the father. Totems are names or parts of an animal and things. For instance, **nsofu** *elephant*, **nkalamo** *lion*, **nshimbi**, *iron*, **mfula** *rain*. However, this phenomenon is slowly dying due to the complex Zambian communities that are partly a result of intermarriages and contact with languages that have different cultures.

Functions of Totems

Totems are important because they function as a means of providing unity and identity. These totems even dictate the behavior of the people. For example, the people belonging to the **ng'andu** *crocodile* totem, which is the royal totem, are expected to exercise courage, bravery, and good leadership. Similarly, people who belong to the **mfula** *rain* are expected to be very generous and fair, just as the rain is generous. It does not discriminate. Rain falls on a bad man's yard as well as on the good person's yard equally.

Clapping

There are a few cases where greetings are accompanied by clapping. Greetings accompanied by clapping are considered to be more respectful. One kind of greeting which involves clapping is one between in-laws. People also clap when thanking someone, especially after receiving a present or a favor.

Pronouns of Address

To show respect when greeting, use the plural pronoun instead of the singular pronoun. The following are the honorific pronouns of respect in Bemba: **imwe** *you* (plural), **iwe** *you for either male or female*. Gender is not marked in Bemba; therefore, **ulya** *him/her*, for instance, does not indicate femininity or masculinity. Women are addressed differently. Those who are not married are called by their first names or by the name of their first child, if at all they have a child. However, those who are married are called with the prefix **bana-** just before the name of the husband or the name of the first born child. Therefore, Bana Mulenga (wife to Mr. Mulenga) or **Bana John** (*The mother of John*), in less formal situations. In formal situations, the terms **Banyina** or **mayo** *mother* are used. For men, the prefix **Ba** is used, hence, **Ba Chintu** (*Mr. Chintu*).

Posture/eye contact

A young person must not maintain eye contact when talking to elders. They are also expected to kneel or crouch when talking to an elderly person who is in a sitting position. In terms of receiving a gift (any) and greeting, it is important for one to use the right hand even if one is left handed. With regards receiving gifts, it is considered more respectful to receive a gift with both hands especially if the gift is coming from an adult.

IFYAKUCITA 1/ ACTIVITY 1

Babili babili *(In pairs)*: Practice the first encounter greeting using both the singular and plural / honorific forms.

IFYAKUCITA 2/ACTIVITY 2

Provide responses for the following expressions:

1. Balishaani ?
2. Mulishaani?
3. Musendeme/muleele shaani?
4. Mwashibukeeni ?
5. Shaleenipo umutende.
6. Landa kabili
7. Mwaikala shaani?
8. Mwaikalashaani mukwai ?

IFYAKUCITA 3 /ACTIVITY 3

Babili babili *(In pairs)*: Greet your mother in the afternoon and find out how she spent her day.

IFYAKUCITA 4 /ACTIVITY 4

Batatu batatu *(in threes)*. Practice all the greetings in this chapter by:

asking how your friend is doing using all the different greetings given.
asking two or more of your friends how they are doing.

IFYAKUCITA 5 /ACTIVITY 5

Babili babili *(In pairs)*: Greet your friend using the informal greeting that you have learnt.

IFYAKUCITA 6 /ACTIVITY 6

How are the greetings in Bemba different or similar to those in your own culture?

Amashina yalupwa/ *Kinship Terms*

tata	*father*
mayo	*mother*
shikulu	*grandfather*
mama	*grandmother*
ndume	*brother*
nkashi	*sister*
umwaana	*child*
abaana	*children*
umwaana umwanakashi	*daughter*
umwaana umwaume	*son*
baampundu	*twins*
umuulume	*husband*
umuukashi	*wife*
uluupwa	*family*

umwaaume	*man*
umwaanakashi	*woman*
umulumeendo	*boy*
umukashaana	*girl*
umuuntu	*person*
abaantu	*people*

CULTURAL NOTES

> Traditionally, the extended family system is the most favored type of family among the Bemba. As long as there is a genealogical lineage with another person, that person is as good as your sister, brother, mother, depending on the nature of relations. For example, cousins from your mothers' side are called brothers and sisters while your father's brothers are fathers and your mother's sisters are your mothers. The mother's brother **(banalume)** is a very important person in the child's life. **Banalume** is regarded as a male mother-figure and hence he must care for his nephews and nieces just as the maternal mother does to her child.

Amashina / Names

Naming in Bemba

As seen from the list of names given below, most Bemba names have a meaning although currently most people do not know their meanings. Circumstances surrounding birth, history of the family, its successes and failures and many other factors influence naming in Bemba.

The following are instances of Bemba names:

Female Names

Most names in Bemba can be given to either sex. The names that are specifically for females are very few:

Female names
Kasuba	*Sunshine*
Chibeka	*Something that shines*
Kasapo	*A charm*

Male Names

Chita	*Soldier*
Kalenga	*To draw or paint*
Mupendwa	*A great hunter*
Kalinda	*Somebody who guards*
Kameme	*Someone who behave like a goat*
Kapelembe	*A small buffalo*
Chifita	*A very dark person*
Kafula	*Someone who extracts something (black smith)*
Kalumba	*Hunter*

Some names that are used for both males and females (note that these are just some of the Bemba names)

Chicetekelo	*Faith*
Luse lwakwa Lesa	*God's mercy*
Mapalo	*Blessings*
Muloshi	*A wizard or a witch*
Ngosa	*The bringer of problems*
Musonda	*Someone who tastes*
Nkandu	*A generous person*
Bupe	*Gift*
Chilufya	*To lose*
Bwembya	*A rod*
Kasonde	*A child of the world*
Kalikeka	*The only one*
Chilubelobe	*The lost one*

Isukulu/*School*

Classroom Expressions

Banjelelako mukwai.	*Excuse me.*
Natasha.	*Thank you.*
Uleumfwa?	*Do you understand? (singular).*
Muleumfwa?	*Do you understand? (plural / honorific).*
Ndeumfwa.	*I do understanding.*
Nshileumfwa.	*I am not understanding.*
Tesha.	*Listen (singular).*
Tesheeni.	*Listen (plural / honorific).*
Asuka.	*Answer (singular).*
Asukeeni.	*Answer (plural / honorific).*
Leemba.	*Write (singular).*
Leembeni.	*Write (plural / honorific).*
Nshishibe.	*I do not know.*
Bwekeshaapo.	*Repeat (singular).*
Bwekesheenipo.	*Repeat (plural / honorific).*
Sosa/laanda.	*Say (singular).*
Soseeni.	*Say (plural / honorific).*
Calolamwi?.	*What does it mean?*
Tutiila shaani?	*How do we say…in Bemba?*
Nindufyanya munjeleleko.	*I've made a mistake, I am sorry.*
Isula iciitabo coobe!	*Open your book (Singular).*
Isala iciitabo coobe!	*Close your book (Singular).*

IFYAKUCITA 7/ACTIVITY 7

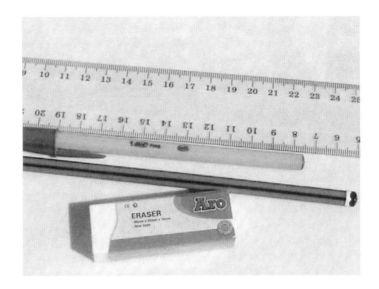

Study the pictures above. Repeat the names of the illustrated objects after your instructor.

IFYAKUCITA 8/ACTIVITY 8

Using the pictures above, learn to ask using the pattern below:

A: **Ninshi iyi?**	*What is this?*
B: **Ni lula.**	*It is a ruler.*
A: **Ninshi iyi?**	*What is this?*
B: **Lipeepala.**	*It is a sheet of paper.*

IFYAKUCITA 9/ACTIVITY 9

What would you say in the event that:

- you want to excuse yourself?
- you want your teacher to repeat something?
- you want to thank your mother?
- you want your friend to open her book?
- you want to say "sorry"?
- you want to ask what something means?
- you do not understand something?
- you want your classmate to listen?
- you want your classmates to listen?
- you do not know the answer?

Amafawelo / *Vowels*

There are five vowels in Bemba: Prounounced as:-

a	amani	*eggs*	abroad
e	enda	*walk*	egg
i	imba	*dig*	feet
o	onta	*bask*	sport
u	ululimi	*tongue*	shoes

Amakonsonanti / *Consonants:*

Pronounced as:-

b	bamayo	*mother*	-
c	incito	*work*	chin
d	dokotala	*doctor*	-
f	fwala	*clothe*	food
j	jamu	*jam*	jug
k	kola	*collar*	collar
m	mila	*mirror*	meat
n	nomba	*now*	neat
ng'	ng'anda	*house*	hang
ny	nyongeni	*throttle*	-
p	panshi	*floor, ground*	pack
s	sala	*choose*	sit
sh	shana/cinda	*dance*	shoe
t	toola	*pick*	tone
w	wamya	*clean*	we
y	yandi	*mine*	yard

Amasiilabo / *Syllables*

Bemba syllables are straightforward and easy to follow. For example, the word **umukashana** has the following syllables: **u + mu + ka + sha + na**. The word has five syllables.

IFYAKUCITA 10

Nomba niwe/ *Your turn*

Divide the following words into syllables:

Umulumendo	Bamayo
Umusuma	Tata
Ukutwi	Ukunwa
Abeni	Lala
Icani	Ukuseka
Umutwe	Lolesha

> ### A note on consonants
> Please note that standard Bemba does not use the consonants **d**, **j**, and **g**. They do not exist in word-initial position but they exist after a nasal **n** as in **nd** in **ndobo** *hook*. Moreover, in standard Bemba the consonants such as **r**, **v**, **x**, and **z** do not exist. However, due to borrowing of words from English and other foreign languages, it is possible to find some of the consonants that do not originally exist in standard Bemba. Some of the consonants that are used in this sense are **r, v,** and **z**. *Note further that like other Bantu languages, Bemba has two types of **b** consonants (allophones), a stop [b] as in English word **b**all and a fricative [β] pronounced as a soft -b- as in **ba**maayo 'mother'. Note that this sound does not exist in English. Note also that such a **b** occurs in any position other than before a nasal –**m**-. When it occurs before **m** it becomes a stop –**b**- as in im**b**ale 'plate' pronounced as –b- in **b**all.

Tone

Bemba is described as a tone language. This means that some syllables are spoken with a high tone and some with a low tone. There are two tones in Bemba: high (H) and low (L). Sometimes variations in tone provide a contrast in meaning and pronounciation. In fact, tone influences the pronounciation of most words in Bemba. In Bemba textbooks, high tone has been represented by the use of long or double vowels to distinguish words that are pronounced with low tone thus written with a single vowel. This is according to the orthography of Zambian languages. In as much as this is not satisfactory, it has solved the problem of representing tone using diacritics which are in most cases too technical for an ordinary person.. Note that the reason why vowels have been used to determine pronounciation is because they bear tone. In other words, they are tone bearing units. Therefore in this book, high tone will be represented by double vowels e.g. **aa** as in b**aa**ya 'they have gone' and low tone will be represented by a single vowel as in m**u**ne 'friend'.

Vowels are lenghthend only in the middle of a word. In cases where, a single vowel is pronounced as high tone usually in the initial position of the word or sometimes at the final position, that will be specified as High (H). The following are instances of tone contrasts in Bemba represented by double and single vowels, respectively, note that the initial vowels of the words have high and low tone respecitively:

ukuboomba (initial vowel (H), final vowel (H)) *to work*
**ukubomba (initial vowel (L), final vowel (H))* *to become wet*

Ukupenda mu Cibemba ukufuma pali kamo ukushiinta kwikumi / *Counting in Bemba: 1-10*

The Bemba counting from one to ten (from the little finger right up to the thumb finger).

cimo	*one*
fibili	*two*
fitatu	*three*
fine	*four*
fisaano	*five*
mutaanda	*six*
cine-lubali	*seven*
cine-konse-konse	*eight*
pabuula	*nine*
ikumi	*ten*

Inshiku sha mulungu/ Days of the Week

Palicimo	*Monday*
Palicibili	*Tuesday*
Palicitatu	*Wednesday*
Palicine	*Thursday*
Palicisaano	*Friday*
Pacibelushi	*Saturday*
Pasondo/pamulungu	*Sunday*

Days of the week carry special meanings in the Bemba language. The days of the week from Monday to Friday have been arranged as if they are counted. The meanings of the days of the week in Bemba are as follows:

Cimo	*Monday*	Originates from the word **cimo** *first*, hence it is the opening day of the week
Cibili	*Tuesday*	Second day of the week **bili** *two*
Citatu	*Wednesday*	Third day of the week **tatu** *three*
Cine	*Thursday*	Fourth day of the week **ine** *four*
Cisaano	*Friday*	Fifth day of the week **sano** *five*
Cibelushi	*Saturday*	
Sondo	*Sunday*	

IFYAKUCITA 11/ACTIVITY 11

Nomba niwe/ *Your turn*

Aya amashiwi yalepilibula shaani mu Cibemba? / *What are the meanings in Bemba?*

> Citatu   Cine
> Sondo/mulungu   Cisano
> Cimo   Cibili

IFYAKUCITA 12/ACTIVITY 12

Asuka amepusho aya pesamba / *Answer the following questions.*

> Mwashibukeni?   Mulishaani?
> Cungulopo mukwai?   Landa kabili?
> Mwaboombeni?   Mwaikaleeni?

Amashiwi / Vocabulary

bamayo	*mother.*
mama	*grandmother*
tata	*father*
basi (borrowed)	*bus*
cenji	*change*
icitaabo	*book*
ninshi	*what*
Cine	*Thursday*
Cibili	*Tuesday*
Shalenipo umutende/bwino	*bye, remain well*
Cisano	*Friday*
Citatu	*Wednesday*
icilumba	*be proud*
icibata	*duck*
bwekesheenipo	*repeat (plural / honorific)*
bwekeshaapo	*repeat (singular)*
kabiye	*go*
enda	*walk*
wende umutende/bwino	*go well / travel well (singular)*
mwende umutende/bwino	*travel well (plural)*
ikala	*sit, stay, live*
ikumi	*ten*
nshileumfwa	*I do not understand*
nshishibe	*I do not know*
umwaice	*sibling*
tapali ilyashi	*nothing special*
ee (informal), eya mukwai (formal)	*yes*
ici	*this*
ing'anda	*house*
cine	*four*
nwa	*drink*
sosa	*say (singular)*
soseeni	*say (plural / honorific)*
iwe	*you*
ishiwi	*word*
jamu (borrowed word)	*jam*
pilibula	*turn*
kalenda (borrowed word)	*calendar*
kolona/kola (borrowed word)	*collar*
ukunwa	*to drink*
ukubumba	*to mold*

ukwisa	*to come*
ishuko	*luck*
icimbayambaya	*lorry, truck*
mwashibukeeni	*good morning*
cungulopo mukwai	*good evening*
muleumfwa?	*do you understand? (plural / honorific)*
bampundu	*twins*
mwasendama/mwalala shaani?	*how did you sleep?*
mwabombeeni	*good afternoon*
mwaikalashaani/mwakaleeni?	*how did you spend the day?*
shaani	*hello (singular)*
mulishaani	*hello (plural, honorific)*
ulupwa	*family*
leka	*stop*
Cibelushi	*Saturday*
umukashi	*wife*
umwanakashi	*woman*
umulumeendo	*boy*
umuuntu	*person*
umuulume	*husband*
umwaaume	*man*
umuukashana	*girl*
cimo	*Monday or one depending on context*
umwaana	*child*
umwaana umwaaume	*son*
umwana umwaanakashi	*daughter*
isala	*seal/close*
nsendemefye/nacilalafye bwino	*I slept well*
naikalafye bwino	*I spent the day well*
landa kabili	*what's up?*
nindufyanya munjeleleko mukwai	*I've made a mistake, I am sorry*
twalamonana	*catch you later*
natasha/ natotela	*thank you*
ndeumfwa	*I do understand*
ndifye bwino	*I am fine*
imbila/ilyashi	*news*
ilyashi/ukwisha	*dialogue*
cine-lubali	*seven*
mona	*see*
kuti banjelelako mukwai	*excuse me*
panshi	*floor, ground*
pabula	*nine*
asuka *(singular)*	*answer (singular)*

asukeeni (*plural, honorific*)	*answer (plural / honorific)*
cimo	*one or Monday depending on context*
laala	*sleep*
sala	*choose*
shikulu	*grandfather*
cine-konse-konse	*eight*
incito	*work*
fisaano	*five*
fika	*arrive*
Sondo	*Sunday*
ukwikala	*spend the day / to sit*
mutanda	*six*
fitatu	*three*
sosa/landa	*speak*
soseeni	*speak loudly*
tesha	*listen (singular)*
tesheeni (*plural / honorific*)	*listen (plural / honorific)*
tutiila shaani?	*how do we say…in Bemba?*
isa	*come*
iseeni bonse	*you (all) come*
abaanakashi	*women*
abaana	*children*
abaantu	*people*
babili	*two*
isala	*close*
isula	*open*
ulishaani?	*How are you?*
uleumfwa?	*do you understand? (singular)*
ulubansa/iyaadi	*yard*
ilini	*egg*
ulusuba	*summer*
cisuma, wende umutende	*it is all right / goodbye, go well*
calolamwi?	*what does it mean?*

Isambililo lya Pakubala
Lesson 1

IMILANDU/IFYOTWALASAMBILILA/WHAT WE WILL LEARN

Topic: Ukwiilondolola / *Introducing Oneself*
Function / Aim: More greetings, introducing oneself, thanking people.
Grammar: Subject Pronouns, Present Tense, Nationalities
Cultural Information: Importance of greetings and the appropriate social Interaction that goes with them.

Ukulondolola/*Explanation*

It is the first day of class at the university. Students have been asked to introduce themselves. Mwila, a young female student, talks briefly about herself.

My name is / girl	Ishina lyandi niine **Mwila. Ndimukashana.**
I come from / also / a person / from	**Mfuuma** ku Kasama
I stay	**Njikala** mu Lusaka.
My, father	**Batata ni ba** Chishiba, bamayo ni ba Maliya.
I have / one brother /	**Nakwata ndume yandi umo.** Ishina lyakwe ni Chota

Amashiwi / Vocabulary

ishina lya	*the name of*
ishina lyakwe	*his/her name*
ndume	*brother / sibling*
niine	*I am*
umulumendo	*a boy*
nakwata	*I have*
Mfuuma	*I come from*

Ilyashi / Dialogue

Chisha akumanya Musonda usaambilila nankwe pa UNZA elyo balailondolola.
Chisha meets, greets, and introduces himself to Musonda, a fellow student, at the University of Zambia.

Hi/how are you?	Chisha:	**Shaani?**
Fine and you?	Musonda:	**Bwino shaani?.**
Am fine. So what is your name?	Chisha: Bwino:	**Niwe naani ishina?**
My name is …	Musonda:	**Ishina lyandi niine Musonda.**
What about you?		**Nga iwe niwe naani?**
I am …	Chisha:	**Niine Chisha.**
Where do you stay?	Chisha:	**Wikala kwiisa?**
I live here at the University and t you?	Musonda:	**Njikala pano pene pa yunivesiti, nga iwe?**
I live in… with my mother and father	Chisha:	**Njikala ku Matero. Njikala nabamayo na batata.**

IFYAKUCITA 1/ACTIVITY 1

Pafyo wasaambilila ifyakulondolola, balondolole Chisha na Musonda mukalashi ulaande ifyowishibe pali beena. *Using the language learnt from the dialogue, introduce Chisha and Musonda to the class. Tell the class everything you know about them.*

IFYAKUCITA 2/ACTIVITY 2

Ipusha umunobe uko ekala. Konka icilangililo icili pesamba *Ask your friend where he/she lives. Follow the example below.*

    Icilangililo:

Chisha:	Wemunandi, bushe wikala kwisa? *My friend, where do you live?*
Mulenga:	Njikala ku Chilenje mu Lusaka. *I live in Chilenje in Lusaka.*

Bekala kwiisa/kwi? / *Where do they live?*

- **Mwape ekala ku Botswana.** *Mwape lives in Botswana.*
- **Mukuka ekala ku Tanzania.** *Mukuka lives in Tanzania.*
- **Mutale ekala ku Zimbabwe.** *Mutale lives in Zimbabwe.*

IFYAKUCITA 3/ACTIVITY 3

Bekala kwisa/kwi?

Let your classmates ask you where the following people live in Zambia and answer them. Follow the example.

Kalenga (*ku Mansa*)
A: **Kalenga ekala kwisa?**   *Where does Kalenga live?*
B: **Kalenga ekala ku Mansa.**   *Kalenga lives in Mansa.*

1. Besa (ku Kitwe)
2. Luse (ku Mbala)
3. Chilufya (ku Ngoli, Kasama)
4. Kenneth (ku Chamboli, Kitwe)
5. Edna (ku Ndola, Zambia)
6. Emillia (ku Kantanshi, Mufulira)
7. Peter (ku Pamodzi, Ndola)
8. Bwalya na John (ku Chingola, Zambia)
9. Chomba (ku Solwezi, Zambia)
10. Bukata (ku Mazabuka, Zambia)

Note that locative nouns (names of places) are preceded by the prefix **ku-** which means *to, from, towards*. You will learn more about locative prefixes in Bemba.

IFYAKUCITA 4/ACTIVITY 4

Pafyo wasambilila, ale ilondolole wemwine kuli kalashi yobe. Ulande uko wafuma noko wikala na mashina yabafyashi bobe. Elyo kabili ulande nga cakuti walikwata umukalamba nangu umwaice obe neshina lyakwe.

Using the material from the lesson above, introduce yourself to the class. Say where you come from, where you live, and your mother and father's name. Also say whether you have an older or younger sibling and his/her name.

Asking and Telling Names

Remember how to say:
My name is...
Your name is...
S/he is...

        - andi   *my*
        - obe   *your*
        - akwe   *his/her*

The Bemba possessive stems 'words' -**andi** / **-obe** / **-akwe** do not change. However, there is always another prefix before these forms, which agrees with the word (noun) with which they are used. For now, we are going to use these sounds with the word for name. The sound BEFORE the three forms above will be **l-**.

Learn & practice these words and the sentences that follow:

ishina	*name*
lyandi	*my*
lyobe	*your*
lyakwe	*his/her*
naani/baani?	*who?*
Niwe nani ishina?	*What's your name?*
Ishina lyandi nine X.	*My name is X.*
Ni naani ishina (lyakwe)?	*What's his/her name?*
Ishina lyakwe ni X .	*His/her name is X .*

Intulo/ *Nationalities*

The names of the nationalities are written as follows:

Umwina Malawi	*Malawian*
Umwina Zambia	*Zambian*
Umwina Amelika	*American*
Umungeleshi	*British*

And also

Umwina Afulika	*African*
Umufishi	*Black person*
Umusungu	*an European / white person*

Ilyashi/ Dialogue

Peter, Bwalya, Chanda, and Edna meet for the first time. Try to make sense out of the following conversation in which each introduces himself / herself to others.

Bwalya:	Shaani.
Peter, Chanda na Edna:	Bwino shaani?
Bwalya:	Bwino.
Peter (to Bwalya):	Niwe naani ishina?
Bwalya:	Nine Bwalya. Nga imwe?
Peter:	Ishina lyandi nine Peter.
Chanda	Ishina lyandi nine Chanda.
Bwalya (to Peter pointing at Edna):	Nga, uyo ni naani?
Peter:	Uyu eena ni Edna.
Bwalya:	Cisuma

ILYASHI/ Dialogue

Mulenga akumanya abeeni babili elyo atampa ukulanda nabo.
Mulenga meets two visitors. She starts talking with them:

Seeking permission to arrive	**Josephine na Joseph:**	**Oodini kuno.**
You may enter	**Mulenga:**	**Kalibu mukwai.**
	Josephine na Joseph:	Nko nko nko.
Enter, sit down	**Mulenga:**	**Ingileeni ikaleeni mukwai.**
visitors	**Mulenga:**	Mwaiseeni mukwai. Mulifye bwino?
aunt	**Josephine na Joseph:**	Ifwe tulifye bwino. Nga imwe mulishaani **mayo**?
	Mulenga:	Ndifye bwino. Balishaani bonse ku ng'anda?
	Josephine	Balifye bwino mukwai.
work	**Joseph:**	Ilishaani **incito?**
So so	**Mulenga:**	**panono-panono**
Goodbye	**Josephine na Joseph:**	**Cisuma.**

IFYAKUCITA 5/ACTIVITY 5

Niwe Bwalya, wakumanya Frank, Chipo na Mumbi. Ale nomba posha Frank elyo umwipushe amashina yabanankwe elyo kabili wipushe ukobafuma noko bekala.
Your name is Bwalya. You meet Frank, Chipo and Mumbi. Greet Frank and inquire about the names of the other two people. Ask where they come from and where they live.

Amashiwi / Vocabulary

bamayo mwaice	*(small mother) i.e. mother's young sister*
aba	*these (used as prefix for people mostly)*
inshi	*what*
ikaleeni panshi	*sit down*
ikaleeni	*telling more than one person to sit (plural/ honorific)*
nko nko nko	*knock knock knock*
bamunyina	*sibling (plural)*
Oo	*similar to "Is that so?" or "Really?"*
cisuma	*all right*
nga	*what about?*
ukufuma	*to come from*
kwisa/kwi?	*where?*
umwaice	*young (person)*
umweeni	*visitor*
bandume	*brother (elder)*
umuntu	*person*
umukashana	*girl*
ninkwata	*I have*
njikala	*I stay / live*
panono-panono	*so-so/ a little bit*
fikeeni!	*come please*
lya-	*of (possessive for **ishina**)*
so	*so*
nkashi	*sister*
kalibu	*come in/ enter/ welcome (borrowed from Swahili)*
twalamonana	*we will see each other/ see you (later)*
oodini kuno	*may we arrive?*
uyu	*this (person)*
-ene	*also, too*
ishina	*name*
bali	*they (humble self)*
muli	*you - plural / honorific (humble self)*

Personal pronouns and Subject Prefixes

Bemba, like most Bantu languages, has a set of independent personal pronouns. Subject pronouns function as prefixes before a verb. Study the tables below.

	Singular		Plural	
1st	**Ine**	*I*	**Ifwe**	*We*
2nd	**Iwe**	*You*	**Imwe**	*You*
3rd	**ena**	*He/She*	**beena**	*They*

Subject Prefixes - Present Tense

	Singular		Plural	
1st	**Nda-**	*I*	**Tu-**	*We*
2nd	**wa-**	*You*	**Mu-**	*You*
3rd	**A-**	*He/She*	**Ba-**	*They*

Subject Prefixes: Past Tenses

Person	Singular		Plural	
1st	**Na-**	*I*	**Twa-**	*We*
2nd	**Wa-**	*You*	**Mwa-**	*You*
3rd	**A-**	*He/She*	**Ba-**	*They*

Note that the independent personal pronouns carry exactly the same meaning as the subject pronouns. Using the personal pronoun together with the subject prefixes places emphasis on the person speaking or the addressee. The following are examples:

Ine ndasoma Icibemba	*I study Bemba.*
Nasoma Icibemba.	*I studied Bemba.*
Iwe wikala kwisa?	*Where do you live?*
Wikala kwisa?	*Where do you live?*
Ena ekala muZambia.	*She lives in Zambia.*
Ekala mu Zambia.	*She lives in Zambia.*
Ifwe twikala ku Mozambique.	*We live in Mozambique.*
Twikala ku Mozambique.	*We live in Mozambique.*

Note: In the last example the subject prefix is **tu,** but since the **tu** is followed by **i** in **ikala** 'stay', the sounds fuse in the process forming a semi-vowel -**w** and thus the presence of **twi.**

Object Pronouns

Object Pronouns are sometimes referred to as infixes because they follow the subject prefix before the verb. The following is a list of object pronouns in Bemba.

ine	-i-
iwe	-li-
ena	-mu-
ifwe	-i-
imwe	-mi-
beena	-ba-

Nalikutemwa.	*I love you.* (1st person singular)
Walintemwa.	*You love me.* (2nd person singular)
Twalimutemwa.	*We love him/her.* (3rd person plural)
Alibatemwa.	*He loves them.* (3rd person singular)

Conjunctive Pronouns

This is what happens when personal pronouns are used with **na-**. (Note also that **na-** can also be used as a conjuction for and).

na	+	ine	na ine	*with me*
na	+	ifwe	na ifwe	*with us*
na	+	iwe	na iwe/	*with you* (singular)
na	+	imwe	na imwe	*with you* (plural, honorific)
na	+	ena	na ena	*with him/her*
na	+	bena/bo	na beena/na bo	*with them*

The Present Habitual Tense

Let us now move on to **present tense** form in Bemba.

Present Subject Pronoun + **la** + verb

	Singular		**Plural**	
Baanjita	*They call me*	**Batwiita**	*They call us*
Bakwiita	*They call you*	**Bamiita**	*They call you*
Bamwiita	*They call him/her*	**Babeeta**	*They call them*

Let us also refer to the examples given in the preceding conversations.

Banjiita ati Bwalya.	*I am called Bwalya / My name is Bwalya.*
Bakwiita ati shaani?	*What are you called?*
Wikala kwisa?	*Where do you live?*

Let us try other subject prefixes with different verbs.

Uleefwaye inshi?	*What do you want?*
Ndefwaya impiya.	*I want money.*
Balabelenga ifitabo?.	*Do they read (study) books.*
Abeena-Zambia finshi balya?	*What do Zambians eat?*

IFWAKUCITA 6/ACTIVITY

Nawita abaantu ku gilajuwesheni paate yamunobe pa ng'anda pamobe. Londolola abaantu babili abo waishiba, ulande/ulumbule amaashina yabo nooko bekala. Konka icilangililo ici pesamba:

You are hosting a graduation party for a friend at your house. Introduce two people whom you know, saying their names and where they live. Follow the example given below:

Ni naani uyu?	Ekala kwisa?
Uyu ni Susan.	Eena ekala ku Kitwe.

IFYAKUCITA 7/ACTIVITY 7

Babili babili / *In pairs.*

Wakumanya ba Pulofesa Mwape munshila elyo balakwipusha ukowikala. Bebe ukowikala elyo ubeepushe uko bekala beena.
You meet Professor Mwape by the road. She asks you where you live. Say where you live and ask her where she lives.

Mwansa:	Mwaboombeni ba Pulofesa?
Pulofesa Mwape:	Eya mukwai! Mwaboombeni. Mwansa bushe wikala kwisa/kwi?
Mwansa:	Mukwai, njikala ku Avondale. Nga imwe Pulofesa mwikala kwisa/kwi?
Pulofesa Chitauri:	Njikala ku Woodlands.

IFYAKUCITA 8/ACTIVITY 8

Wakumanya bakafundisha abakufundile akale. Baposhe. Bepushe ukobekala pali ino inshita.
You meet your former teacher in town. Greet him. Ask him where he lives these days.

IFYAKUCITA 9/ACTIVITY 9

Talk about your family with a friend. Tell your friend about where they live.

Bamayo na batata bekala ku Ndola.
Nkashi yandi ekala ku Kabwe. Ishina lyakwe ni Viola.
Ndume yandi ekala ku Mpika. Ishina lyakwe ni Jacob.

IFYAKUCITA 10/ACTIVTY 10

Use the subject pronouns to indicate where the following people live. Follow the example given.

Icilangililo:
Mavis na Alex (Malawi)   **Be**kala ku Malawi.

Now do the following:

1. Pulofesa Nsofwa (Lusaka)
2. Catherine (Ndola)
3. Kalaba (Mpolokoso)
4. Nkole (Mansa)
5. James (Nakonde)
6. Mollen (Durban, South Africa)
7. Stella (Gaberone, Botswana)
8. Alice (Kitwe, Zambia)
9. Chileshe (Mozambique)
10. Irene (Ruwa, Zimbabwe)

IFWAKUCITA 11/ACTIVITY 11

Match the words in column one with the appropriate one in column two.

1	2
Christina	mulesambilila inshi?
Bamayo	bekala ku Kasama.
eena	alaalya ubwali.
ifwe	atemwa inshi?
iwe	twikala ku Chamboli.
ine	wikala na baani?
Mutale	alalaanda Icibemba.
abakashana	atemwa tii.
imwe	balabeleenga ifitaabo.

-nga? / *How many?*

Telling the number (of people / things)

In Bemba, *two* through *nine* function as adjectives. Bemba uses the enumerative stem -**mo** to refer to one, -**bili** to two, -**tatu** to three, -**ne** to four and –**saano** for five. Numbers 1-5 carry the subject markers which denote concordial agreement.

1. umuuntu **u**mo one (person)
2. abaantu **ba**bili two (people)
3. abaantu **ba**tatu three (people)
4. abaantu **ba**ne four (people)
5. abaantu **ba**saano five (people)
6. abaantu mutanda six people
7. abaantu cine-lubali seven people
8. abaantu cine-konse-konse eight people
9. abaantu pabula nine people
10. abaantu ikumi ten people
11. ikumi na cimo eleven
12. ikumi na fibili twelve
13. ikumi na fitatu thirteen
14. ikumi na fine fourteen
15. ikumi na fisaano fifteen

Two Children

IFYAKUCITA 12/ACTIVITY 12

1. Pacikope apa pali abaana banga?
2. Bushe abakashana bali banga?

IFYAKUCITA 13/ACTIVITY 13

(i) **Abaantu banga?** *How many people?*

Penda abakashana bonse/abanakashi mu kalashi yenu. Ni banga?
Count all the girls / women in your class. How many are they?

(ii) **Abaume banga?** *How many men?*

Gilama / *Grammar Notes*

The question word used for how many is **-nga**? The prefix that is used depends on the noun being described. Therefore:

Abana banga *How many children?*
Bamotoka banga? *How many cars?*
Imiti inga *How many trees?*

Ilyashi / *Dialogue*

Professor Mofu, is greeted by a new and young teaching assistant, who has just joined the department.

Aaron:	Mulishaani.
Pulofesa:	Bwino mulishaani?
Aaron:	Ndifye bwino mukwai.
Pulofesa:	Niwe naani ishina?
Aaron:	Ishina lyandi nine Aaron.
Pulofesa:	Wikala kwisa?
Aaron:	Njikala ku Mbala.
Pulofesa:	Wikala na baani?
Aaron:	Njikala neeka.
Pulofesa:	Uli ne myaka inga?
Aaron:	Ndi ne myaka 26.
Pulofesa:	Cisuma twalamonana.
Aaron:	Cisuma ba Pulofesa mukwai.

IFYAKUCITA 14/ACTIVITY 14

Asuka aya amepusho. *Answer the following questions.*
1. *Teaching assistant* ninaani ishina?
2. Ekala na baani?
3. Ekala kwisa/kwi?
4. Ali na imyaka inga?
5. Pulofesa ni naani ishina?

Amashiwi/ Vocabulary

awe / iyoo	*no*
ba anti/bamayo senge	*aunt*
naani	*who*
aba	*these*
tata	*father*
incito	*work*
icitabo	*book*
ipusha	*ask*
epela	*only*
inshi	*what*
shaleenipo	*goodbye*
temwa	*love, want, like* **–nono** *small*
lya	*eat*
sambilila	*learn*
ikala	*sit, live, stay*
gilajuwesheni (borrowed word)	*graduation*
nko nko nko	*knock knock knock*
uluupwa	*(family) relations*
munyina	*sibling*
tapali	*there is nothing*
emukwai / ee	*yes*
mwa	*is it?*
cisuma/cilifye bwino	*all right*
imwe	*you*
imwe bene	*you (emphasis)*
na iwe	*and you/ another*
ine	*I/ me*
ine wine	*I (emphasis)/ myself*
ifwe	*we*
ifwe beene	*we (emphasis)/ we ourselves*
aba bene	*they (emphasis)/ these*
iwe	*you*
iwe wine	*you (emphasis)/ you yourself*
ulya	*s / he*
ulya wine	*s / he (emphasis)/ s/he her/him- self*
kalasi	*class*
ku-	*to, from, towards*
ukufuma	*to come from*
ukufwaya	*to want, like*

ukuti	*that*
imyaka	*years*
impiya/ulupiya	*money*
amaashina	*names*
amaashina yaa banakashi	*names of women*
amaashina yaa baume	*names of men*
mulishaani	*hello/ How are you?*
imiti	*trees*
bamotoka	*cars*
umwina Afilika	*an African*
umwiina Amelika	*an American*
umungeleshi	*a British person*
umwaaice	*young person*
umweeni	*visitor*
icilangililo	*example*
munyina	*sibling*
umulumeendo	*boy*
umuuntu	*person*
umusungu	*white person*
umukashaana	*girl*
umufishi	*black person*
umwiina Zambia	*a Zimbian*
umwiina Zimbabwe	*a Zimbabwean*
umwaana	*child*
na	*and/ with*
na naani	*with whom?*
neeka	*alone*
ninkwata	*I have*
mfuma	*I come from*
njikala	*I live*
ndi	*I am*
ndifye bwino	*I am fine*
panono-panono	*so-so*
-nga	*how many?*
-ani	*to be called*
-monana	*see each other*
pamulu	*on top*
pali ino inshita	*at the moment*
panshi	*below*
paate (borrowed word)	*party*
icikope	*picture*

ubwali	*thick porridge made using maize meal*
so	*so*
shikulu	*grandfather*
umunandi	*friend*
nkashi	*sister*
-londolola	*introduce*
-fika	*arrive*
Tauni (borrowed word)	*town*
landa	*speak*
bamayosenge	*aunt*
-konka	*follow*
tii	*tea*
tulifye bwino	*we are fine*
mwaiseeni	*welcome*
uyu	*this one*
abeeni	*visitors*
yobe	*yours*
abalumeendo	*boys*
yandi	*my*
abaantu	*people*
abaaume	*men*
abakashaana	*girls*
beleenga	*read, study*
-o	*also (from **nao** -as in 'him also')*
yangu	*my (expression of surprise)*
yunivesiti	*university*
ishina	*name*
akasuba	*afternoon, sun*

Isambililo lya Bubili
Lesson 2

IMILANDU/IFYOTWALASAMBILILA/WHAT WE WILL LEARN

Topic: The family and some activities done by family members
Function / Aim: Talking about one's family and its members
Grammar: Demonstratives, Adjectives, Bemba Tenses, Counting in Bemba
Cultural Information: The family in Bemba.

Family

Ukulondolola/*Explanation*

Ulupwa lwandi / *My family*

my name / my mother	**Ishina lyandi** nine Anna. **Bamayo** ni ba Rita.
my father / two elder brothers	**Batata** bakwata **bandume yabo abakalamba babili.** Amashina yabo ni ba Thomas na ba Mwape.
my mother / three young sisters	**Bamayo** bakwata **bankashiyabo abaice batatu.** Amashina yabo ni ba Chisela, ba Chokwe na ba Chanda.
grandpa / grandma	**Bashikulu** (bandi) ni ba Benjamin. **Bamama** (bandi) ni ba Ruth.
they live in the country	**Bekala ku mushi**.
alone	Bekala **beka**
First born / last born	Bamayo **libeli,** batata ni ba**kasuli.**

IFYAKUCITA 1/ACTIVITY 1

Asuka aya amepusho pesamba:
Answer the following questions:

1. Batata **bakwata** bandume abakalamba **banga**?   *he has / how many*
2. Bamayo **bakwata** abaice babo abanakashi **banga**?   *she has / how many*
3. **Bandume abakalamba ni bani?**   *what are they called?*
4. Bashikulu na bamama **bekala kwisa/kwi?**   *live / where?*
5. Bekala na naani?   *with whom?*
6. Bekala **kwisa(or kwi)?**   *where?*
7. Bashikulu ni **baani ishina?**   *what is he called*
8. Bamama ni **baani ishina?**   *what is she called?*
9. Nalitemwa ukunwa **ameenshi**.   *water*
10. Iwe watemwa ukunwa inshi?   *to drink / what?*

IFYAKUCITA 2/ACTIVITY 2

Nomba niwe / *Your turn*
Eba umunobe pali balupwa bobe, ulande amashina yabo nooko bekala.
Tell your friend about your family, their names and where they live.

IFYAKUCITA 3 /ACTIVITY 3

Ipusha umunobe musambilila nankwe pali ba shikulu na bamama wakwe nooko bekala. Konka icilangililo pesamba:
Ask your classmate about his/her grandparents. Ask him/her about his/her grandparents and where they live. Follow the example below:

A: Bushe walikwata bashikulu na bamama?
B: Ee, nalikwata bashikulu na bamama.
A: Ni bani amashina?
B: Bamama ni ba Erica, bashikulu ni ba James.
A: Cisuma. Natasha.

IFYAKUCITA 4/ACTIVITY 4

Babili babili: Eba umunobe pali ba munyina obe. Ulande ukobekala ne myaka bakwete.
In pairs: Tell your friend about your elder and younger brothers and sisters. Say where they live and how old they are.

IFYAKUCITA 5/ACTIVITY 5

Draw your family tree and present it to your class.

IFYAKUCITA 6/ACTIVITY 6

Conduct group presentations based on the different family trees in your class.
Esha ukulemba aya amashiwi pesamba muli basentenshi/amashiwi ayepi.
Practice using the following vocabulary in short sentences.

umukaka	*milk*
ameenshi	*water*
ukunwa	*drink*

Ifilangililo / *Demonstratives*

Demonstratives in Bemba are used to locate the position of an object or a person with respect to distance between the speaker and the hearer/addressee or both. The following are the examples:

uyu	*this person - (close to both speaker and hearer)*
aba	*these people - (close to both speaker and hearer)*
ulya	*that person - (far from both)*
balya	*those people - (far from both known to both the speaker and; yonder)*
bano	*these people - (close to speaker far from hearer)*
uyo/abo	*that person/those people (far from speaker but close to hearer)*

Icilangililo:

Uyu mwaice wandi, Barbara.	*This is (my) young sister Barbara.*
Uyo mwaice wandi, Morris.	*That is (my) brother Morris.*

Negation

This has to do with constructions in the negative forms. Most sentences in Bemba are negated or made negative by the marker te-. Therefore to negate a sentence, use **te** as follows:

Uyu temwaaice wandi , Barbara.	*This is not (my) young sister Barbara.*
Uyo temwaaice wandi, Morris.	*That is not (my) brother Morris.*

Ilyashi/ *Dialogue*

Musonda and Sarah are at a party. They talk about a person who is standing not far away from them.

Hi	Musonda:	Ati shaani Sarah
	Sarah:	Ati shaani Musonda, ulifye bwino?
	Musonda:	panono-panono.
	Sarah:	**Ulya** ni naani?
which one?	Tatenda:	**Wisa?**
standing with	Sarah:	**Uwiminine na** Doreen.
	Musonda:	Oh, **ulya** ni Mutale.
Is that so?	Sarah:	**Mwa?** Ekala kwisa?
but	Musonda:	Ekala ku tauni **lelo** asambilila pa yunivesiti..
looks like	Sarah:	**Alipalana** na Grace.
his/hers	Musonda:	Ee, ni munyina **wakwe**.
okay	Sarah:	**Cisuma.**
I am leaving	Musonda:	**Naaya.**
travel well	Sarah:	Cisuma. **Wende bwino.**

IFYAKUCITA 7/ACTIVITY 7

Describe Mutale mentioned in the above dialogue in at least four different ways.

IFYAKUCITA 8/ACTIVITY 8

Esha ukuleemba basentenshi abepi ukuboomfya amashiwi ayo yali pesamba:
Practice using the following vocabulary in short sentences.

ukupalana	*look alike*
naaya	*I am leaving, going*
twalamonana	*we will see each other*
bampundu	*twins*
munyina	*sibling*
alipala	*he/she looks like*
bonse (abaantu)	*all (for people)*

IFYAKUCITA 9/ACTIVITY 9

Ipushanyeeni amepusho na banobe. / *Ask each other questions.*
Talk to your classmates. Ask them about the other members of class by pointing at them and using the examples below. Exchange the roles so that your classmates also get a turn to ask.

- A: Ulya ni nani shina?
- B: Ni X...
- A: Ekala kwisa/kwi?
- B: Ekala ku Y...
- A: Nga uyu ni nani ishina?
- B: Ni Z....

Gilama / Grammar

Ama ajekitivu / *Adjectives*

-fita	*black*
kashika	*red*
buuta	*white*
-noono	*little / small*
-kulu	*big / large*
-suma	*good / nice / beautiful / handsome*

Most Bemba adjectives change according to the nouns they qualify. The prefixes of the adjectives agree with the prefixes of the nouns they modify. The following examples show this:

Abaantu abaafita   **black** *people*
Icimuti **ici**kulu   *a* **big** *tree*

Note: Like other Bantu languages, there are very few true adjectives in Bemba in the sense of English adjectives. Most adjectives are rendered as descriptions of an object or person as in:

Iloba ilyaafita *soil which is red (Red soil)*
Umuntu umusuma 'a person who is good/beautiful' good/beautiful person

IFYAKUCITA 11/ACTIVITY 11

Construct short sentences using the phrases below.

Ipeepala ilikulu
Bamotoka abafita

> **CULTURE**
> The family unit among the Bemba speaking people also includes the extended family. The family therefore includes all of your father's and mother's relatives. Your father's elder brother is called **batata mukalamba**, *big father* while his younger brother is called **batata mwaice**, *'small father'/'young/junior father'*. Likewise, your mother's elder sister is called **bamayo mukalamba**, *'big mother'/older/senior father'*, while the younger sister is called **bamayo mwaice** *'small mother'/junior/young mother'*. The children of your father's brother are your brothers and sisters not cousins. Similarly, the children of your mother's sisters are your brothers and sisters. However, the children of your father's sister and your mother's brother the ones who are your cousins. Your mother's brother is called *bayama* he plays a very crucial role in the family as Bemba people are matrlineal. Even though he is a man, *bayama* 'uncle'plays the role of the mother and hence he is also referred to as **nokolume** *a male mother('a mother who is male')*.
>
> Respect to elders is emphasised. The child or younger person is supposed to initiate a greeting. It is considered disrespectful to let an elder person initiate the greeting process.
>
> There are some extra linguistic features that accompany greetings in Bemba. These include handshake, clapping. Women also courtsey while younger men bow. Youngsters are supposed to sit or kneel while talking to an elder person.

Ifinama / *A few animals*

imbwa	*dog*	**coolwa**	*zebra*
pushi	*cat*	**insofu**	*elephant/s*
ing'ombe	*cow/s*	**akashishi**	*insect*
isabi	*fish*	**mung'wing'wi**	*mosquito*
indyabuluba	*giraffe*	**ulushimu**	*bee*
inkalamo	*lion/s*	**akanyelele**	*ant*

Ukupenda: Amanambala 10 – 1000 / *Counting: Numbers 10-1000*

Counting from 1-10 in Bemba is relatively easy. You only need to know the numbers 1-9 and then learn how to say 10, 20, 30, 40, etc., since actually what will be between these numbers will just mean "ten and one," "ten and two," etc. See the examples below:

10	Ikumi
11	Ikumi na kamo
12	Ikumi na tubili
13	Ikumi na tutatu
14	Ikumi na tune
15	Ikumi na tusano
16	Ikumi na mutanda
17	Ikumi na cine-lubali
18	Ikumi na cine-konse-konse
19	Ikumi na pabula
20	Amakumi yabili
21	Amakumi yabili na kamo
30	Amakumi yatatu
31	Amakumi yatatu na kamo
40	Amakumi yane
50	Amakumi yasano
60	Amakumi mutanda
70	Amakumi cine lubali
80	Amakumi cine konse konse
90	Amakumi pabula
100	Umwanda
1000	Ikana
1000000	Milyoni

IFYAKUCITA 12/ACTIVITY 12

Use the following words to construct short simple sentences.

sansha / lundapo	*add, plus*
fumyapo	*subtract, take away*
ingishamo	*divide by*
taimusha/fusha	*multiply*
nii	*it is*

Gilama / *Grammar*

More Tenses

So far we have learned only the present tense that has a marker **no**. Now we need to talk about the recent past tense, tense for yesterday and tense for tomorrow. You will notice that in Bemba, like other Bantu languages such as Swahili and Zulu, tenses are probably the least challenging part of the language since it involves replacing one tense marker with another.

Recent Past Tense:

The recent past tense is used to talk about actions that have just occurred. The recent past tense takes the following form:

Past Subject + Verb

	Singular		**Plural**	
Na-ci-belenga	*I read*	**Twa-ci-belenga**	*We read*
Wa-ci-belenga	*You read*	**Mwa-ci-belenga**	*You read*
A-ci-belenga	*He/she reads*	**Ba-ci-belenga**	*They read*

Some vocabulary for the past tense

mailo	*yesterday*
bulyabushiku	*day before yesterday*
nomba line	*recently*
uyu mwaka wapwa	*last year*
uyu umweshi wapwa	*last month*
uyu mulungu wapwa	*last week*

IFYAKUCITA 13/ACTIVITY 13

Recite your daily routinue. Use the following words.

cilabushiku	*everyday*
mbuka	*I wake up*
pa 6 koloko	*at 6am*
nsamba	*I baths*
nfwala	*I dress*
ndya	*I eat*
nja	*I go*
nsambilila	*I learn*

IFYAKUCITA 14/ACTIVITY 14

Using some of the verbs and vocabulary you have learned so far, construct five sentences in the past tense.

Negative Tenses

Recent Past

(a) **Naci**belenga inyunshi.   *I read the news.*
(b) **Nshaci**belenga inyunshi.   *I did not read the news.*
(c) **Twaci**belenga inyunshi   *we read the news.*
(d) **Tatwaci**belenga inyunshi   *we did not read the news*

Note that the negative form used in example (a) only applies to the first person pronoun and the rest of the pronouns use *ta* for their negative form as used in example (b).

Ukulondolola/ *Explanation*

Mailo naile ku sukulu pa makasa. Mwila ena aile na basi. Nafikile pa 7 koloko. Nalisambilila elyo nabelenga icitabo. Pa 10 koloko nalilya. Mukasuba naile mukuteya boola nomunandi. Twaile ku ng'anda kuma 4 koloko.

Yesterday I went to school. I went on foot. Mwila went by bus. I arrived at school at 7. I learned Bemba and I read a book. At 10 I ate bread and drank. In the afternoon I played soccer with my friend. Around 4 o'clock we went home.

IFYAKUCITA 15/ACTIVITY 15

Asuka aya amepusho pesamba. *Answer the following questions.*

Aile ku sukulu na**nshi**?   *(by what means of transport?)*
Mwila aile ku sukulu nanshi?
Ku sukulu afikile inshita nshi?
Pa 10 aliile inshi?
Abelengele inshi?
Aangele ubwangalo nshi?
Alee angala na baani?
Ku ng'anda aile **inshita** nshi?   *(what time?)*

Amashiwi/ *Vocaculary*

leelo	*but*
aba	*these (people)*
abo	*those (people)*
inkonde	*banana / s*
cilemba	*beans*
boola	*ball*
fumyapo	*subtract, take away*
fumya	*remove*
ipusheni(ipushanyeeni)	*ask (each other)*
buuta	*white*
isukulu	*school*
umukaate	*bread / loaves of bread*
ici cintu	*this thing*
ica cipa	*be cheap*
akashishi	*insect*
shaleenipo	*goodbye*
ikana	*thousand*
nasheniko/bweeshiniko umutengo!	*lower the price*
icakunwa	*drink*
ingishamo	*divide by*
-noono	*little / small*
ubwalwa	*beer*
-palana	*look alike / resemble*
samba	*wash, bathe*
uyu mwaka wapwa	*last year*
ikumi	*ten*
-kulu	*big / large*
anyense	*onion / s*
umupamba	*it is surprising/shocking*
ati shaani	*hi*
shinga?	*how much?*
imbwa	*dog / s*
kaloti	*carrot / s*
pushi	*cat*
kilo	*a kilo(gram)*
-kuma	*around*
tomato/matimati	*tomato / es*
Oowe!	*oh dear! oh my!*
majalini / bataa	*margarine / butter*
impashi	*biting ant / s*

amakumi yane	*forty*
amakumi cine lubali	*seventy*
amakumi paabula	*ninety*
amakumi cine-konse-konse	*eighty*
amakumi yasaano	*fifty*
amakumi mutanda	*sixty*
amakumi yatatu	*thirty*
amakumi yabili	*twenty*
nomba line	*recently, just now*
ili line	*just now, recently*
bampundu	*twin / s*
bulyabushiku	*day before yesterday*
ifinama	*animals*
uluupwa	*relation/family*
iminina	*stand, wait*
basentenshi	*sentences*
abakote abaume	*old man*
kasukulu/umusambi	*student*
Namayo	*woman*
umukaka	*milk*
muleshitisha shinga?	*how much are you selling for?*
umuushi	*village/rural home*
sentenshi	*sentence*
ameenshi	*water*
uyu mweeshi wapwa	*last month*
na	*and; same as plus*
-suma	*good / nice / beautiful / handsome*
ndekeni	*leave me alone!*
nanshi	*by what means?*
mailo	*yesterday*
kwati	*like*
mwa?	*is it?/really*
lunshi	*housefly / flies*
ulushimu	*bee*
inyunshi	*newspaper*
insofu	*elephant / s*
imbalala	*peanuts / groundnuts*
Cisuma	*ok*
mupepi	*near*
impilipili	*pepper*
fwala	*dress*
popo	*papaya*
indimu	*lemon / s*

-lipila	*pay*
sansha/sanshapo/ lundapo	*add*
shuka	*sugar*
inkalamo	*lion / s*
sopo	*soap*
uyu mulungu wapwa	*last week*
utunyelele	*ant s*
taimusha/fusha	*multiply*
ukwangala/ukuteya	*play*
-fiita	*black*
-shita	*buy*
-shitisha	*sell*
amakasa	*feet*
-kashika	*red*
mung'wing'wi	*mosquito*
ulya	*that (person)*
uyu	*this (person)*
balipalana	*they look alike*
bonse	*all (people)*
sanshapo tunoono	*add a little more*
umwanda	*a hundred*
nacikosa umutengo	*it is expensive!*

Isambililo lya Butatu
Lesson 3

IMILANDU/IFYOTWALASAMBILILA/WHAT WE WILL LEARN

Topic:	Activities and Life at Home and Personal Information on Likes and Dislikes
Function / Aim:	More greetings, introducing oneself
Grammar:	Nouns, Further on Tenses, Adjectives, Possessives, Numbers, Negation of Tenses
Cultural Information:	Languages of Zambia.

**Mwansa asambilila pa Yunivesiti ya Zambia (UNZA) ku Lusaka.
Aleilandapo umwine na pabanankwe babili.** *Mwansa is a student at the University of Zambia in Lusaka. She talks about herself and her two friends.*

I am a student	Nine Mwansa. **Ninebo kasukulu.**
I speak English	**Ndalanda icisungu** ne cibemba.
I study/learn	**Nsambilila** Linguistics ne cibemba.
very much	Ndafwaisha ukusambilila Icibemba **nganshi.**
these are my two friends	**Aba babili banandi.**
she studies at	Uyu ni Marian. Ena **asambilila** Ikonomikisi, uyu ni Hilda, asambilila French. Marian
to sing	atemwa **ukwimba**; Hilda atemwa
to listen to/music/only	**ukumfwafye inyimbo epela.** Ine natemwa
to play/tennis	**ukuteeya tenesi.**

IFYAKUCITA 1/ACTIVITY 1
Cishinka nangu bufi? / *True or false?*
Check the following statements against the statements above and say whether they are true or false.

Ifilangililo/ Examples

    A.   Marian asambilila pa Yunivesiti ya Zambia (UNZA).
    B: Cishinka.
    A: Marian asambilila pa Yunivesiti ya Rhodes ku South Africa.
    B: Buufi.

1.   Marian asambilila Ikonomikisi.
2.   Michael atemwa ukwimba.
3.   Hilda asambilila Icisungu.
4.   Marian atemwa ukuteeya tenesi.

5. Michael atemwa ukusambilila Icibemba.
6. Hilda atemwa ukwimba.
7. Michael bamusambilishe Linguistics.
8. Hilda afwaile ukutelela mumenshi..

IFYAKUCITA 2/ACTIVITY 2

Bushe finshi waatemwa ukucita? *What do you like to do? Basing your conversation on the above, ask your classmates the following question.*

Ilipusho/ *question*

A: Waatemwa ukucita inshi?
B: Naatemwa ukwiimba.

Gilama/ *Grammar*

Amashina yandimi/ *Names of Languages*

The names of languages will always begin with a prefix **Ici__**; for example:

Portuguese	**IciPotugishi**
English	**Icisungu**
Ndebele	**IciNdebele**
Spanish	**IciSipanishi**
Bemba	**IciBemb**a
Malawi	**IcinaMalawi (to refer to Malawian languages)**
Japanese	**IciJapanishi**
Tonga	**IciTonga**

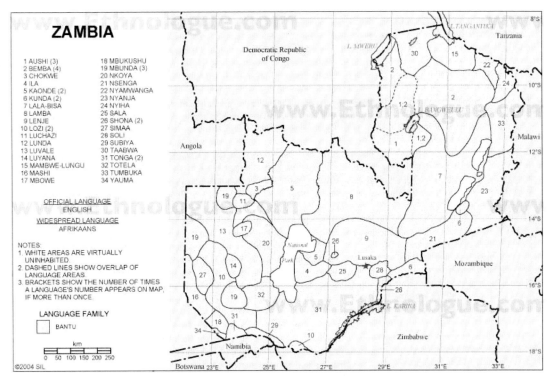

URL: *http://www.ethnologue.com/show_map.asp?name=Zambia*

Languages of Zambia

The exact number of indigenous languages in Zambia is not known as languages are mistakenly equated to ethnic groups/tribe. However, there are seven recognized regional official languages. These include: Bemba, Kaonde, Lozi, Lunda, Luvale, Nyanja and Tonga. Nevertheless, among these languages some languages are widely used than others. The widely used ones being Bemba and Nyanja. Bemba is spoken in most parts of Zambia including the following provinces: Northern, Luapula, Copperbelt, parts of Central and Lusaka provinces. It is however, possible to find some speakers of Bemba in Western, Eastern, Southern and North western provinces. Bemba can further be categorized as Rural Bemba and Town Bemba on the basis of its linguistic variations (Kashoki, 1972). Rural Bemba is what is taken to be 'the standard' and it is taught in schools and used on the national broadcaster as one of the Zambian regional languages.

This rural variety is particularly common in the Northern and Luapula provinces. Town Bemba, on the other hand, is that which is found in the Copperbelt and Lusaka Urban areas and it is the one spoken in other provinces other than Northern and Luapula. The other notable language of wider communicationis Nyanja (also called Chewa). This one is spoken in the Eastern province and in Lusaka, both urban and rural. Tonga is spoken in the Southern province and some parts of the Central province. Lozi is spoken in the Western province, some parts of Northwestern province and in Livingstone urban in the Southern province. Kaonde, Lunda and Luvale are spoken in North western province.. It is important to note that the majority of Zambia's population is multilingual, that is, the ability to use more than one language for communication purposes. In addition to the indigenous languages highlited above, English is the sole official language of Zambia.

IFYAKUCITA 3/ACTIVITY 3

Nomba niwe/*Your turn*

Ilandepo wemwine ku banobe mu kalasi. Beebe pafyo uleefwaya ukucita na pa ndime ulanda.
Tell your classmates about yourself. Tell them about what you like to do and the languages you speak.

IFYAKUCITA 4/ACTIVITY 4

Bushe ulalanda IciBemba?/*Do you speak Bemba?*

Ukukonka ifilangililo pesamba, ipusha abanobe inga balalanda iciBemba.

Following the examples given below, ask your classmates if they speak Bemba.

Icilangililo /*Example*

A:	Bushe ulalanda IciBemba?	*Do you speak Bemba?*
B:	Ee, ndalanda.	*Yes, I do.*
A:	Bushe ulalanda IciBemba?	*Do you speak Bemba?*
B:	Ndalandako panono.	*I do a little*
A:	Bushe ulalanda IciBemba?	*Do you speak Bemba?*
B:	Awe, nshilanda	*no, I don't*

Banauni/*Nouns*

You will have noticed that words such as **umuntu** have plurals that begin with **ba-**. These are referred to as nouns that belong to the **noun classes denoting persons**. The singular noun class prefixes are **mu-/mw-**. It is **mw-** before a stem that begins with a vowel as in **mwana** *(child)*. The following are some other noun class words for persons.

umweeni	abeeni	*guest/s*
umwaanakashi	abaanakashi	*girl/s*
umwaana	abaana	*child/ren*
kasukulu	bakasukulu	*student/s*
umwaaume	abaaume	*man/men*
umulumeendo	abalumeendo	*boy/boys*

The following table shows the subject agreements in the present and past tenses for the nouns in the class for persons.

Noun		Present Subject Agreement	Past Subject Agreement
(sg.)		a-	a-
umuntu umukashana umulumendo umwana	*person* *girl* *boy* *child*		
(pl.)		ba-	ba-
abaantu abakashana abalumeendo abana	*People* *girls* *boys* *children*		

The **demonstratives** for these nouns are **uyu/ulya** in the singular form and **aba/balya** in the plural/honorific form, so that, as you saw in the above example, you get sentences such as the following:

Uyu ni Mutale.   *This is Mutale.*
Ulya ni Nkole.   *That is Nkole.*

Nouns denoting kinship, for example **tata, mayo, yama, shikulu** *all fall into noun class 1a. The plurals are in class 2. The plural prefix is* **ba-,** *therefore:*

Batata, bayama, bashikulu, and bamayo

Aba abaantu beena-Zambia/*These people are Zambians*

Kafundisha/Teacher

The possessive stems in Bemba are listed below.

Singular		Plural	
-andi	*my*	**-esu**	*our*
-obe	*your*	**-enu**	*your*
-akwe	*his/hers*	**-abo**	*their*

The possessives for the class nouns for persons/humanbeings take the **w-** in singular and **b-** in the plural forms.

Namayo/*Woman*

The possessives for these nouns take the **w-** in singular and **b-** in the plural forms.

Ukulondolola/*Explanation 2*

this/guest	**Aba** ni ba Pulofesa Chileshe. Pulofesa Chintu mweni
of	**wa** ba Pulofesa Chileshe.
Zimbabwen	**Bena** bena-Zimbabwe. Bafunda pa Yunivesiti
	Ya ku Zimbabwe. Bafunda Icishona.
speaks	**Balalanda** Icishona.

want/ to know/ about	**Baleefwaya ukwishiba** ifingi **pali** Zambia.
the culture/ way of living	**Intambi ne mikalile sha mu Zambia.**

IFYAKUCITA 5/ACTIVITY 5

Asuka aya amepusho/ *Answer these questions*

(i)	Ba Pulofesa Chintu **ni bani**?	*Who?*
(ii)	Bekala **kwisa/kwi**?	*Where?*
(iii)	Baleefwaya **inshi**?	*What?*
(iv)	Bafunda **inshi**?	*what?*
(v)	Ninshi ba Pulofesa Chintu baleefwaya ukwishiba?	
(vi)	Ba Pulofesa Chintu baafuma kwisa/kwi?	
(vii)	Bushe ba Pulofesa Chileshe bafunda Icishona?	*yes/no question*

IFYAKUCITA 6/ACTIVITY 6

Here are some names of people and their towns/countries. Say where they live, which nationalities they are, what languages they speak, and what they like to do.

Icilangililo/ Examples

> Norah ekala ku England.
> Ena **mungeleshi**.
> Alalanda **Icisungu**.
> Aleesambilila Icibemba.

IFYAKUCITA 7/ACTIVITY 7

Here are a few more people. Using the provided data, say who they are, where they live, the languages they speak, and what they like to do.

1.	Tracy/Zambia/Bemba/**ukushana**	*to dance*
2.	Catherine/Kenya/**ukumfwa** kumulabasa	*to listen to*
3.	Peter na Josephine/Icitonga/**ukwenda**	*to travel*
4.	Oyo/Nigeria/**ukubelenga**	*to read*
5.	Mamadou/ Senegal/ **ukwipika**	*to cook*
6.	Sekai/Zimbabwe/**ukwimba**	*to sing*
7.	Kofi/Ghana/**ukusoma**	*to study*

Gilama/ *Grammar*

You probably have noticed by now that there is a distinction between the simple present tense and the present continuous tense in Bemba. Thus, a phrase like **ndasambilila** means *I learn* while the phrase **ndesambilila** means *I am learning*

IFYAKUCITA 8/ACTIVITY 8

In pairs: choose any of the languages listed below and ask if your colleague speaks them. Answer all questions in the affirmative.

(i)   Icipotugishi
(ii) Icijemani
(iii) Icishona
(iv) Icijapanishi
(v)   Icitonga
(vi) Icinyanja

Ukulondolola/*Explanation 3*
Inshatemwa/ Tatwatemwa: *I do not like/ we do not like*

Two students, Rose and Mwape, are giving a presentation in class regarding who they are, where they come from, what they are studying, what they like, and what they do not like.

we	**Ifwe** twafuma ku Lusaka muno Zambia.
we study	Tusambilila pa Yunivesiti ya Zambia (UNZA).
like/ enjoy/ of	**Twalitemwa** ukumfwa ilyashi **lya** mu Africa.
she does not like	Mwape **tatemwa** ukwipika. Alitemwa ukulya ku lesitilanti.
like/ enjoy/ and	Rose alitemwa ukwipika na ukutamba tivi/umulabasa wafikope.
They both/ don't like	**Bonse tabatemwa**
cold weather	**ulupepo.**
enjoy/ school	Bonse **balitemwa isukulu.**

IFYAKUCITA 9

Asuka aya amepusho pesamba /*Answer the following questions*

1. Rose na Mwape basambilila kwi?
2. Bafuma kwi?
3. Cinshi ico Mwape tatemwa?
4. Bonse batemwa inshi?
5. Naani atemwa ukwipika?
6. Bonse iyo tabatemwa ninshi?
7. Nga iwe watemwa inshi?
8. Nga iwe ico tawatemwa cinshi?

Gilama / *Grammar*

EXPRESSING DO NOT

Please note that:

- In the present negative tense the prefix **ta-** is used to show negation. However, with the first person singular the prefix **nshi-** is used.

Negative Prefixes - Present Habitual Tense

Ndafwaya	*I want*	**Nshifwaya**	*I don't want*
Tulafwaya	*we want*	**Tatufwaya**	*we don't want*
Ulafwaya	*you want*	**Taufwaya**	*you don't want*
Mulafwaya	*you want*	**Tamufwaya**	*you don't want*
Alafwaya	*s/he wants*	**Tafwaya**	*s/he doesn't want*
Balafwaya	*they want*	**Tabafwaya**	*they don't want*

IFYAKUCITA 10/ACTIVITY 10

Tell your friend what you like doing and what you do not like doing. Change roles and let your colleague tell you what he/she likes doing and what he/she does not like doing.

IFYAKUCITA 11/ACTIVITY 11

Ulefwaya ukucita inshi? *What do you want to do?*
Landa pafintu fine ifyo ulefwaya ukucita. *Talk about four things that you want to do.*
Icilangililo: Ndefwaya ukubelenga inyunshi
         Ndefwaya ukwipika.
         Ndefwaya ukwenda.
         Ndefwaya **ukubutuka.**   *to run*

IFYAKUCITA 12/ACTCITY 12

Finshi ifyo taulefwaya ukucita? *What don't you want to do?*
Landa ifintu fine ifyo taulefwaya ukucita. *Talk about four things that you do not want to do.*

Icilangililo: Nshileefwaya ukwipika.
         Nshileefwaya ukwimba.
         Nshileefwaya ukwenda.
         Nshileefwaya ukulala.

Note the way the infinitive **ku-** is used. This can also be used to create a noun similar to English so that **ukwipika** can either mean *to cook* or just *cooking*. Note further that, the combination of u from uku- and i- from ipika, have resulted in the formation of a semivowel –w- thus ukwipika and not ukuipika and should be pronounced as such.

IFYAKUCITA 13/ACTICITY 13

Tell your class about what your family members like doing and what they do not like doing. Follow the example given.

Icilangililo:	Bamayo batemwa ukwipika.
	Batata batemwa ukutamba tivi/umulabasa wafikope.
	Bamayo tabatemwa ukutamba tivi/umulabasa wafikope.
	Batata tabafwaya ukwipika.

Ukupitulukamo/*Review*

IFYAKUCITA 01/ACTIVITY 01

You are walking in town one day and you meet the following people. Remember to use the correct forms of address.

1. Pulofesa Musonda (Professor Musonda).
2. Maryln (your friend)
3. Ba Chipasha (your teacher)
4. Dr. Vera (a family doctor)
5. Morris na Francis (class mates)
6. Ba Mulenga (your grandfather)
7. Ba Bukata (A church priest)
8. Eliza (your younger sister)
9. Rachel (your neighbor's daughter)
10. Kasuba (someone you do not know)

IFYAKUCITA 02/ACTIVITY 02

Tell the class about yourself, your family, friends, where they live, what they are doing now, and what each one of them likes or dislikes.

IFYAKUCITA 03/ACTIVITY 03
Babili-babili, ale peela amepusho kufyasuko ifi mwisamba.

In pairs, provide the questions that prompted these answers.

1. Ndifye bwino mulishaani naimwe?
2. Njikala pa Yunivesiti.
3. Njikala neka.
4. Nine Marian.
5. Nalitemwa ukwenda.

IFYAKUCITA 04/ACTVITY 04
Give the negative form of the tense for the following sentences. Follow the example given.

Icililangililo   Njikala mu Zambia.
          Nshikala mu Zambia.

1. Nine Phillip.
2. Kasukulu alesambilila Icisungu.
3. Nalitemwa ukucinda.
4. Umukashaana aleipika.
5. Batata **babomba ku banki**.   *works/bank*
6. Ine ndalanda Iciswahili.
7. Umulumendo alebelenga inyunshi.
8. Umwana **alanwa umukaka.**   *Drinks/milk*
9. Themba na Mollie balitemwa ukucinda
10. Ifwe tufwaya **inama**.   m*eat*

IFYAKUCITA 05/ACTIVITY 05
Greet and introduce yourself to a person you have not met before. Tell them about the languages you speak. Also ask them about themselves and the languages they speak.

Amashiwi/ Vocabulary

Amelika / umwina Amelika	*America / n*
naani?	*who (in a question)*
aleesoma/aleebeleenga	*s/he is studying/reading*
atemwa	*s/he likes*
apa	*here*
alecita inshi?	*what is s/he doing?*
aba	*these*
icipao candalama (banki)	*bank*
ubwalwa	*beer*
nganshi	*a lot / very much*
impepo	*cold*
epela	*only / just*
inshi?	*what*
iciJapanishi	*Japanese language*
iciJemani	*German language*
ifilyo	*food*
isukulu	*school*
icinaMalawi	*Malawian language*
iciPotugishi	*Portuguese language*
icisungu	*English language*
ishitolo	*a shop/store*
icishinka	*truth*
-fwaya	*want / need*
-funda	*teach*
-temwa	*like, enjoy*
tatemwa	*s/he does not like*
nshifwaya	*I do not like*
awe	*no*
tatufwaya	*we do not like*
tabafwaya	*they do not like*
-imba	*sing*
ifwe	*we / us*
-cita	*do*
ena	*he/she/him/her*
pashitolo	*at the shop*
ukulya	*to eat*
ukusambilila	*to learn*
ukufunda	*to teach*
ukwiimba	*to sing*
ukunwa	*to drink*
kwiisa/kwi	*where*

ukuteya/ukwangala	*to play*
ukucinda	*to dance*
ukutamba	*to watch*
ukumfwa	*to listen*
ukukopwa	*to be photographed*
ku yunivesiti	*at the / university*
ukwishiba	*to know*
imikalile	*way of living*
amepusho	*questions*
kasukulu/umusambi	*student*
umweeni	*visitor / guest*
umuJapanishi	*Japanese (person)*
inyimbo	*music*
nsambilila	*I study/learn*
-nga?	*how many?*
inama	*meat*
mona	*see*
asuka	*answer (as a noun and verb)*
Pulofesa	*Professor*
lala	*sleep*
icilimba (lediyo)	*radio*
umulabasa	*broadcasting station*
shikulu	*grandfather*
te-	*is/are not*
landa	*say / speak*
umfwa	*listen*
tenesi	*tennis*
-shitisha	*sell*
ubunkulanya (tivi)	*television*
kafundisha	*teacher*
intambi	*culture, manners*
uyu	*this (person)*
-ena	*also, too*
yunivesiti	*university*
ishiba	*know*
akasuba	*sun*
ifintu	*things / articles / items*
panono	*a little bit*

Isambililo lya Bune
Lesson 4

IMILANDU/IFYOTWALASAMBILILA/ WHAT WE WILL LEARN

Topic: Housing and Accommodation
Function / Aim: Describing one's house and other types of accommodation
Grammar: Locatives: **KU-/KWA-/PA-/MU-,**
Cultural Notes: On Houses and Homesteads

Ukulondolola/*Explanation*

Ing'anda yaakwa Nkole. *Nkole's house*

house/ our / big	**Ing'anda yeesu ikuulu.**
rooms/ living room/ dining room	Ing'anda yeesu yaalikwata **imiputule umwaakutushisha** no**mwaakuliila**.
house of cooking/ bathing/ toilet neecimbuusu.	umuputule **wakwipikilamo**, umwakusambila
bedrooms/ there is/ ubusanshi, watilopu, *mirror*	**mumiputule yakuseendamamo/yakulalamo** mwaba nomwakubika ifyakufwala (watilopu) no**mulolani/miila**.
have/ alone	Ine **nalikwata** ing'anda yaandi iyo njikalamo **neeka**..
in/pictures	**mu**muputule mwakutushisha mwaba imipaando, icilimba, iteebulo, ubunkulaanya.
stove/fridge/plates/pots	mumuputule wakwipikilamo mwaba **icitofu, fuliji, imbale neempooto**.
it is beautiful	Ing'anda yeesu **isuuma**.

IFYAKUCITA 1/ACTIVITY 1

Asuka amepusho aya pesamba:
1. Ing'anda yaakwa Nkole yakwaata imiputule inga?   *how many?*
2. Fiinshi fyaba mumuputule wakuseendaamamo?   *what?*
3. Mumuputule wakutushishamo mwaba ifiintu fiinga?   *how many?*
4. Mumuputule wakwipikilamo mwaba ifiintu fiinga?   *how many?*
5. Ing'anda yakwa Nkole isuuma nangu iibi?   *beautiful / ugly?*

IFYAKUCITA 2/ACTIVITY 2

Landa ifi fileembelwe pesamba nga fyacishiinka nangu fyabuufi.
State if the following statements are true or false.

1. Nkole alikwata ing'anda ekalamo eka.
2. Mung'anda yakwipikilamo mwaba fuliji, icitofu, imbale neempoto.
3. Mumuputule wakuseendamamo mwaba ubuusanshi, (umwakubika ifyakufwala) (watilopu) nomulolani/miila.
4. Ing'anda yakwa Nkole yakwaata imiputule ibili iyakuseendamamo.
5. Ing'anda yakwa Nkole iisuma.

IFYAKUCITA 3/ACITIVITY 3

Babili babili, ebaneeni ifyaba mumiputule yenu. Ipusha umunoobe ifyaba mumuputule waakwe.
In pairs, tell each other what is in your rooms. Ask your colleague what is in his/her room.

IFYAKUCITA 4/ACTIVITY 4

Look at the picture below and describe the room. What is in this room? Is the room beautiful or bad looking? etc.

CULTURE

Houses and Homesteads

In a traditional sett up, a Bemba village is made up of round huts with grass thatched roofs. These huts have different uses. Some are used as bedrooms and others as kitchens. The children boys have their own bedroom and so are the girls. However, in the late modern world, there are some houses built with bricks (mud or concrete) and are roofed with modern iron/asbestos sheets. The structure of these houses is different from the traditional ones as all the rooms are found under one roof that is, bedrooms, kitchen, living room, etc.

In the traditional setting, there is a common resting place for men called **insaka**. This place is also used for holding important discussions such as settling differences among family members, counseling, etc. The **Insaka** is also used as an arena where important decisions are made. As mentioned, this is a place for men only and women are expected to sit outside. The place for women is the kitchen and men are equally not expected there.

The idea of **insaka** is slowly waning as a result of the development of complex societies brought about by modernity. This has also affected the type of houses that one finds in the rural set up.

IFYAKUCITA 5/ACTIVITY 5

Describe your house to your colleague, then exchange roles and let your colleague describe his/her house to you.

IFYAKUCITA 6/ACTIVITY 6

In your own words, describe the photograph given above. Is it big or small? Is it nice or bad looking?

Gilama / Grammar

Locatives

Locatives in Bemba maybe formed by attaching the locative prefixes **pa-, ku-, kwa-, mu-** to nouns.

Meanings of the Locative Prefixes

pa- is limited to a definite place *at, on*
ku- is often used as a to-infinitive equivalent to the one in English, for example ku tauni 'to town'
kwa- it shows belonging, hence **kwaMatemba** *at the Matemba's* (note that you can also use kuli- to mean at the, thus kuli ba Matemba *at the Matemba's*)
mu- specifically means *in/inside* and should not be mistakened for the mu- in umuntu.

Examples of Locatives

Pa sukulu   *at* school
Ku sukulu   *to* school
Mu sukulu   *in* the school
Kwa Chanda/kuli ba Chanda   at the Chanda's
Icilangililo/example: Abaana baali pa sukulu   *The children are at school.*
                  Ndeeya ku sukulu.   *I am going to school.*
                  Bamayo baali mwibala.   *Mother is in the garden.*

Class nouns denoting animals

The nouns in this class refer to animals, as well as loanwords from other languages. Most of the loanwords come from English. There is no readily identifiable prefix. The prefix also surfaces in sentence agreement. Note further that, the subject agreement will not only be restricted to the ones below but will higly be determined by the form of a prefix that a subject noun carries, for example, **icalo ici** *this country*, **icikope ici** *this picture*, the subject agreement is **ici** which is basically a copy of the preceding prefix in the subject nouns. However, for those words that do not have an identifiable surface prefix as in **inkalamo** *lion*, **ing'ombe** *cattle*, **pushi** *cat*, **imbwa** *dog*, etc the present subject agreement and their past subject agreement counterparts will be as in the table below:

Noun		Present Subject Agreement	Past Subject Agreement
(sg.)		i-	ya-
kalata	*letter*		
imbwa	*dog*		
insofu	*elephant*		
pushi	*cat*		
icikope	*picture*		
ing'ombe	*cattle*		
inkalamo	*lion*		
icalo	*country*		
ing'anda	*house*		
seelofooni	*cellphone*		
kaapu	*cup*		
(pl.)		shi-	sha-

1. The **demonstratives** for these nouns are **iyi** in singular form and **ishi** in plural form:

   ing'anda iyi   *this house*
   ing'anda ishi   *these houses*

2. Similarly, the **possessives** will also take the **y_** in the singular form and the **sh_** in the plural form:

   ing'anda iyi **ya** bamayo   *the house of mother*
   ing'anda ishi **sha** bamayo   *these houses of mother*

3. *Subject prefixes for these nouns are* **i-** *and* **shi-**:

- **Insofu iikulu**   *the elephant is big*
- **Baalupwa bali neensaansa**   *the relatives are happy*

As you practice with more nouns you will also get to learn more agreements with this group of nouns in the coming lessons.

IFYAKUCITA 7/ATIVITY 7

Ali/Bali kwisa?: *Where is he/she & where are they?*
Ask your colleague where several people related to her/him are. Exchange roles and let your colleague ask you the same.

IFYAKUCITA 8/ACTIVITY 8

Remember, you once talked about your siblings and your parents; what they are doing and not doing; and their likes and dislikes? Now, write and give a short presentation to the class, telling who you are, where you live right now, what you like, etc. Similarly, tell about your siblings and your parents and friends, describing them first and then finally telling where they are.

Ukulondolola/ *Explanation*

brother	Ishina lyaandi nine Mwila. Nine ndume waakwa Caroline.
to read	Natemwa ukubeleenga ifitabo.
there is/are	Mung'anda yandi **mwaba** icilimba, icitofu na fuliji.
heater	Mung'anda yandi mwaba na iita.
to be cold/right now	Ifi kutalala **pali ino nshita**,
tea	ine natemwa ukunwa **tii.**
	Akasuba lyonse ndabeleenga ukufika kuma 11.
	Ine mbuka kuma 6 uluceelo.

IFYAKUCITA 9/ACTIVITY 9

Aasuka aya amepusho pesamba:
1. Mwila ni ndume yakwa **naani**?   *is/of whom?*
2. Ninshi Mwila aatemwa ukucita?
3. Mung'anda yakwa Mwila mwabeenshi?
4. Bushe emoyaba faani?
5. Ninshi Mwila aatemwa ukunwa?

Gilama/Grammar

Expressing there is……..
Cinshi cili uko? *What is there?* _____
The locative prefixes, **pa-, ku- mu-** are used in Bemba to express *there is…*

kuli	*there is / there are*
pali	*(at/on there) there is*
muli	*(in there) there is/there are*

The uses of kuli- are varied. Here are some very commonly used expressions that go with kuli- and that you are very likely to hear in Bemba.

Kuli akasuba.	*There is sunshine*
Kuli impepo.	*There is cold.*
Kuli umweela	*There is wind.*
Kuli impiiya.	*There is money.*
Kuli insaala.	*There is hunger.*

The negative form is expressed by the prefix **ta-** so that we get the following:

takuli	*there isn't/there aren't*
tapali	*here isn't/here aren't*
tamuli	*(in there) there isn't/there aren't*

Some common expressions:

Takuli impiya	*There is no money.*
Tapali umukate	*There is no bread.*
Tamuli ifintu	*There is nothing.*

IFYAKUCITA 10/ACTIVITY 10

Give the negative forms for the following:
Kuli ubupiina *poverty*
Pali umuuntu.
Muli abaantu
Kuli imfula *rain*
Pali **bakasukulu**

IFYAKUCITA 11/ACTIVITY 11

Fiinshi ifili mukalasi? *What is in the class?*
Ask your colleague what is in the classroom and let him/her ask you the same.

IFYAKUCITA 12/ACTIVITY 12

Look at the following picture and say what there is and what there isn't in the room.

Dining room

Ilyashi/dialogue
Bana Mumbi looks for Mumbi

where are you	Bana Mumbi:	Uli kwIisa?
in the room	Mumbi:	Ndi mung'anda.
book	Bana Mumbi:	Icitabo cili kwiisa?
	Mumbi:	Cili pa teebulo.
	Bana Mumbi:	**pensulo ili kwiisa?**

bag	Mumbi:	ili **mu coola**.
	Bana Mumbi:	uleetamba inshi?
	Mumbi:	Ndeetamba tivi/icitunshintunshi.
	Bana Mumbi:	Uye ku kiceni.?
	Mumbi:	Cisuuma mayo

IFYAKUCITA 13/ACTIVITY 13

Following the example in the above dialogue, ask your colleague for the location of the following objects. Then change the roles so that he or she asks you similar questions.

icilembelo (peeni)	*pen*
idesiki	*desk*
iteebulo	*table/s*
peensulo	*pencil*
ifipuna/imipando	*chairs*

IFYAKUCITA 13/ACTIVITY 13

Look at the following picture and the vocabulary below it, and then ask your colleague what there are and where specific items are. Switch roles as necessary.

ubusaanshi	*bed*
matelesi	*mattress*
pilo/musao	*pillow/pillows*
imishitibeti	*bedsheet/s*
swici ya faani (mumutenge)	*switch for the (ceiling) fan*
icibuumba	*wall*
kabati	*cupboard*
ubulangeti	*blanket*

IFYAKUCITA 15/ACTIVITY 15

Following the captions under the pictures below, say what the buildings are for. Follow the example that is given regarding the picture below.

ICILANGILILO/EXAMPLE

Ili lisukulu. *This is a school*

Isukulu/*School*

Sitolo/*store*

IFYAKUCITA 16/ACTIVITY 16

Asuka aya amepusho: Landa ifyo uletontonkanya ifisangwa muncende balumbwile. *Answer the following questions. State what you think is found in the places mentioned.*
Cinshi cilya?/*What is that?*
Sukulu
kiceni
umuputule wakusendamamo
mumuputule wakutushishamo
shopu

Amashiwi / *Vocabulary*

apa	*here*
umweele	*knife*
icoola	*bag*
impepo	*cold*
icipuna/umupando	*chair*
ifilyo	*food*
umulolani	*mirror*
isitolo	*a store*
umuputule	*sitting/living room*
wakutushishamo imiputule	*rooms*
imiputule	*bedrooms*
yakusendamamo fani	*fan*
fuliji	*fridge*
foloko	*fork*
foni/musange/lamya	*phone*
iita	*heater*
ofesi	*office*
umuputule wakulilamo	*dining room*
umuputule wakusambilamo	*bathroom, washroom*
umuputule wakusendamamo	*bedroom*
ing'anda	*house*
kabati	*cupboard*
kapeti	*carpet*
kiceni/cikini	*kitchen*
kalasi	*class*
ukwipika	*to cook*
kuli	*there is/there are (a person)*
kuli	*there is/are*
ukunwa	*to drink*
ukutamba	*to watch*
ukutalala	*to be cold*
kumweesu	*our place*
icibuumba	*wall*
Umweela/impepo/kukaba	*weather*
imyele	*knives*
amapilo	*pillows*
impoto	*pots*
impiya	*money*
imishitibeti	*bed sheet/s*
imipando	*sofa*
matelesi	*mattress*

umweela	*wind*
amasaanshi	*beds*
ubusaanshi	*bed*
icilonganino/ukukumana	*meeting*
umushi	*homestead*
imfula	*water/ rain*
imbale	*plate*
pakuti	*because*
ubupiina	*poverty*
naangu	*although*
inshila	*the way*
-umfwa	*hear, feel*
kuti banjelelako	*excuse me/us*
paanse	*outside*
peni	*pen*
pensulo	*pencil*
pikica	*picture*
shaani?	*why?/ how come?/ how on earth?*
-biipa	*be bad*
swici ya fani (mu silin'gi)	*switch for the (ceiling) fan*
iteebulo	*table*
ubunkulanya (tivi)	*television*
tii	*tea*
icimbusu (toileti)	*toilets/ bathrooms*
umwamaluba	*flower vase (lit. bottle for flowers)*
watilopu	*wardrobe*
-tuusha	*rest*
akasuba	*day, sun*
ifiintu	*things, items, articles*

Isambililo lya Busaano
Lesson 5

IMILANDU/IFYOTWALASAMBILILA/WHAT WE WILL LEARN

Topic: People, Nationalities and Age
Function / Aim: Talking about people: their nationalities and their ages
Grammar: Question words, Personal Pronouns, Counting
Cultural Notes: Asking about age and birth dates/days

Namayo/*Woman*

Ukulondolola/ *Explanation*

Molly aleelanda pamunankwe Mutale. *Molly talks about her friend Mutale.*

my/mine	Ishina lyaandi nine Molly. Umunaandi ni Mutale.
near	Mutale ekala mupepi naku Mpolokoso. Ena afuma ku Tanzania.
quiet/very	Mutale muuntu **uwatalalila nganshi.**
and	Molly aleesambilila Icisuungu **kabili** alalanda Icibemba. Asambilila ku Ndola.
tomorrow/bhavhadheyi/reach	**Mailo bukaba ebushiku bwafyelwepo** Molly. **Akumanisha**
years	**imyaka** 22.
buy her a present	**Nkamushitila ubupe.** Nkamushitila
bookshop/also buy/cake	ku bukushopu. Nkamushitila na keke.

maybe/because	**Limbi** nkamushitilafye icitabo pantu aalitemwa ukubelenga saana.
I think/she will be happy	**Ndemona akatemwa saana.**

IFYAKUCITA 1/ACTIVITY 1

Asuka amepusho aya pesamba:

Icilangililo: Bushe Mutale munankwe wakwa Molly?   *yes/no question*
Ee, Mutale munankwe wakwa Molly.
1. Umunankwe **wakwa** Molly ekala kwiisa?   *of*
2. Mutale afuma kwiisa?
3. Bushe alalanda Iciswahili?
4. Mutale cinshi asambilila?
5. Mutale asambilila kwiisa?
6. Nga Mutale cinshi atemwa?
7. Mutale alekumanisha imyaka inga pabushiku afyelwe?
8. Bushe Molly akashita icitabo?
9. Bushe Mutale **kuti** alanda Icibemba?   *she is able*
10. Molly nikwiisa akashita ubupe?
11. **Naani** akashita keke?   *who*
12. Bushe Mutale akatemwa?

IFYAKUCITA 2/ACTIVITY 3

Niwe nomba/ *Your turn*
Using the examples given from the above statements and also from your knowledge gained from the previous lessons, tell about your friend and your friend's family.

IFYAKUCITA 3/ACTIVITY 3

Babili babili: *In pairs.* Tell your partner what you will buy for your friend at his/her birthday.

Culture
In the traditional Bemba context, birthdays are rarely remembered and celebrated. In cases where people are called upon to remember their birthdays, they do this by associating their birthdays by the events that happened during the time in which they were born. Events that can make people remember their birthdays are wars, rebellions, disease outbreaks. Good times as well can be associated with birthdays. For example, when the family bought something big or harvested a huge yield, etc. They might also remember their birthdays by the major events that happened during the time they were born. For example, one can say that he/she was born during the time Zambia gained independence. It will then be easy to determine the exact year when that person was

born by going back into history and establishing the exact day of Zambia's independence. It is often difficult however to establish the exact day or month of birth by this method. With the coming of western education and hospitals, people are able to keep their exact dates of their birthdays. These days are then celebrated according to the Western way like the buying of flowers and presents and sometimes throwing parties.

Age is very much respected among the Bemba people. Advancement in age is associated with wisdom. Therefore, aged people have to be shown respect and kindness they deserve.

Gilama/Grammar

Personal Pronouns and Nationalities

1. The personal pronouns in Bemba. A reminder.
2. Nationalities are expressed by adding **umwiina-** or **mu-** before the name of a nation/country.

Afilika	umwiina Afiliica	>	*an African*
American	umwiina America	>	*an American*
Bulitishi	Umubulitishi	>	*a British*
Portuguese	Umwiina Portuguese	>	*a Portuguese*
Tanzania	Umwiina Tanzania	>	*a Tanzanian*
Umugiliki	Umugiliki	>	*a Greek person*
Umujapanishi	Umujapanishi	>	*a Japanese*

Ilyashi/Dialogue

Nsofwa, a Zambian girl, meets Christian, a Norwegian national. Play the roles interchangeably:

Nsofwa:	Shaani Christian. *Hi Christian.*
Christian:	Shaani Nsofwa. *Hi Nsofwa.*
Nsofwa:	Ulifye bwiino? *How are you?*
Christian:	Ndifye bwiino. *I am fine.*
Nsofwa:	Iwe wafuma kwiisa? *Where do you come from?*
Christian:	Nafuma ku Norway. Ndi mwiina Norwegian. Nga iwe? *I am Norwegian. What about you?*
Nsofwa:	Ine ndi mwiina-Zambia. *I am Zambian.*
Christian:	Natemwa saana uku kwiishiba *I am happy to know you.*
Nsofwa:	Cisuuma mukwai.

IFYAKUCITA 4/ACTIVITY 4

Babili babili: Asuka aya amepusho.
In pairs: Answer the following questions.

1	Bushe Nsofwa mwiina Zambia?	
2	Christian afuma kwiisa?	
3	**Niku caalo nshi atula?**	*what nationality*
4.	Nga **umunobe** afuma ku caalo nshi?	*your friend*
5.	**Banoko** bafuma ku caalo nshi?	*your mother*

IFYAKUCITA 5/ACTIVITY 5

Bushe cishinka nangu bufi? *True or False?*
1. Nsofwa mwiina Norwigian.
2. Christian musungu.
3. Christian mugiliki.
4. Nsofwa mukashaana.

IFYAKUCITA 6/ACTIVITY 6

Go around the class and ask as many of your colleagues as you like what nationalities they are. Choose those whom you think are of different nationalities. Tell your colleague next to you about your findings and let him/her do the same.

Gilama/Grammar

Ukupeenda / *Counting*
Remember what you learned in **Isambililo lya ntanshi**? You learned how to count up to ten as follows:

1	2	3	4	5
cimo	**fibili**	**fitatu**	**fine**	**fisaano**
6	7	8	9	10
mutanda	**cine-lubali**	**cine-konse-konse**	**pabula**	**ikumi**

Note that numbers have an adjectval function. This being the case, a prefix marker that matches the noun is required for agreement purposes. Remember Bemba uses the stem **-mo** to refer to *one*.

kasukulu **u**mo
bakasukulu **ba**bili
bakasukulu **ba**tatu
bakasukulu **ba**ne
abasambi **ba**saano

The numbers that do not take agreements will be as follows:

bakasukulu mutanda
bakasukulu cine lubali
bakasukulu cine konse konse
bakasukulu paabula
bakasukulu ikumi

IFYAKUCITA7/ACTIVITY 7

Memorize the following cardinal numbers. Practice with your colleague.

10	ikumi
11	ikumi na cimo
12	ikumi na fibili
13	ikumi na fitatu
20	amakumi yabili
21	amakumi yabili na cimo
30	amakumi yatatu
40	amakumi yane
41	amakumi yane na cimo
50	amakumi yasaano
60	amakumi mutanda
70	amakumi cine-lubali
80	amakumi cine-konse-konse
90	amakumi pabula
100	umwaanda
455	imyaanda yine na makumi yasaano na fisano
1000	ikana
2000	amakana yabili
1,000,000	milyoni
2,000,000	bamilyoni babili

IFYAKUCITA 8/ACTIVITY 8

Ilyashi / *dialogue*
Ruth and Judy are having a dialogue after meeting each other in town.

Judy:	Shaani Ruth?	
Ruth:	Shaani wemunandi, **wafuma kwisa?**	*you are coming from where?*
Judy:	Nafuma ku **saluuni**.	*saloon*
Ruth:	Nga iwe wafuma kwiisa?	
Judy:	Nafuma mu supamaketi.	
	Nashita ifyakunwa **fibili?**	*two*

Ruth:	Wikala kwiisa Judy?	
Judy:	Njikala pa mafulati ku Nkana West.	*mufulati*
Ruth:	Cisuuma, fooni naamba yobe nishaani?	*What is your phone number?*
Judy:	Ni **0966119168**. Ingeeyobe?	*It is…/ how about yours?*
Ruth:	**0955263678**.	
Judy:	Cisuuma wemunaandi.	
Ruth:	Twalamonana.	

IFYAKUCITA 9/ACTIVITY 9

Babili babili/*In pairs*
Pretend that you are meeting your friend after a long time. Greet him/her. Ask for his/her telephone number. Exchange roles.

Talking about age

Uli neemyaaka inga? *How many years do you have? (How old are you?)*

To ask how old someone is, use the following sentences:

Q:	Uli neemyaaka inga?	*How old are you?* (singular)
Q:	Muli neemyaaka inga?	*How old are you?* (plural, honorific)
A:	Ndi neemyaaka ikumi	*I am ten years old.*
Q:	Chilumba ali neemyaaka inga?	*How old is Chilumba?*
A:	Chilumba ali neemyaaka ine.	*Chilumba is four years old.*

IFYAKUCITA 9/ACTIVITY 9

Bali neemyaka inga? *How old are they?*

Umunobe aipusha pamyaaka iikwete aba abaantu abali pesamba. Landa imyaaka isho bakwete.
Your friend asks you how old the following people are. Tell him or her how old they are.

1. Ruth   (6)
2. Bamayo   (38)
3. Bashikulu   (80)
4. Hilda   (24)
5. Chota   (55)
6. Bakafundisha (40)   *teacher*
7. Bamama   (72)
8. Chilekwa   (33)
9. Ba Chotwe   (52)
10. Your friend   (21)

Note: In Bemba culture, it is considered disrespectful for a young person to ask about the age of an adult. The only exceptions are in situations where a grandchild asks his grandparent/s.

IFYAKUCITA 10/ACTVIVITY

Ask the student next to you how old s/he is. Then report to the class.

IFYAKUCITA 11/ACTIVITY 11

Write a short essay about your friend that includes the following information:
(i) Ishina
(ii) Ekala kwiisa/kwi?
(iii) Ekala nabaani?
(iv) Ali nemyaaka inga?
(v) Finshi ifyo atemwa?
(vi) Finshi ifyo tatemwa?
(vii) Fooni namba yakwe nishaani?

Present your essay orally to the class.

Ilyashi /*dialogue*

Chanda meets Rose and tries to speak with her.

	Chanda:	Shaani.
	Rose:	Shaani
	Chanda:	Niwe nani?
why?	Rose:	**Ninshi?**
I am just asking	Chanda:	**Ndeipushafye**.
	Rose:	Nine Rose.
what's up?	Chanda:	Landa kabili
nothing special	Rose:	Tapali ilyashi.
	Chanda:	Wikala kwiisa?
	Rose:	**Ninshi?**
	Chanda:	**Ndeipushafye**.
	Rose:	Njikala ku tauni.
	Chanda:	Kwiisa?.
	Rose:	Twalamonana.

Abaana/*Children*

Amashiwi / *Vocabulary*

natasha/natotela	*thank you*
naani?	*who?*
ubupe	*a present / presents*
ikana	*one thousand*
-bushiku	*date (on a calendar)*
-temwa	*be happy*
fulati	*flat/apartment*
ikumi	*ten*
ifwe	*we/us*
beena	*they/them*
ku-	*to*
imyaaka	*years*
uluupwa	*family*
boonse	*you (all)*
umwiina Africa	*an African*
umwiina America	*an American*
Umubulitishi	*a British person*
Umugiliki	*a Greek person*
Greece	*Greece*
umwiina Norwigian	*a Norwegian*
umusungu	*a European/white person*
umwiina-Tanzania	*a Tanzanian*
umwaana wandi	*my child*
-nga	*how many*
-talalatondolo	*be quiet*
mupeepi	*near*
saluuni	*saloon*
ikana	*one hundred*
ifyapusana-pusana	*various*
ifiintu	*things*

Isambililo lya Mutanda
Lesson 6

IMILANDU/IFYOTWALASAMBILILA/ WHAT WE WILL LEARN

Topic: Personalities
Function / Aim: Describing people's personalities and professions
Grammar: Adjectives, Nouns, The verb **to have/have not**
Cultural Notes: Concept of Beauty

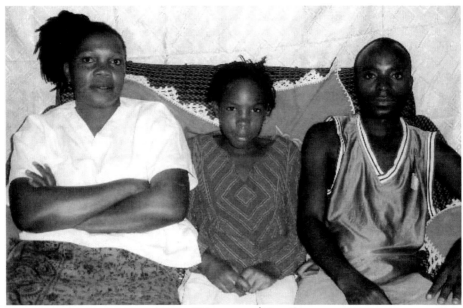

Uluupwa/*Family*

Mapalo alondolola pali baluupwa bakwe. *(Mapalo describes her family members)*

	Nine Rufaro. Bamayo ni ba Sarah. Batata ni ba Thomas. Ifwe twikala kwa Ngoli ku Kasama.
light/ dark	Bamayo **balikashika**, batata **balifita**.
short/ but/ tall	Bamayo bepi **leelo** batata **batali**.
slim/ fat	Batata **balyonda** leelo bamayo **balina**.
hair/ short/ white	Bamayo baba **nomushishi uwipi**.Batata beena **utali uwamfwi**.
looks like	Nalikwata na ndume yandi. Ni John. **Apala batata.** Ine
short/ light	napala bamayo **ubwipi** elyo **nokukashika**.
first/ is/ last	Ine ndi**beli**. John **ni kasuli**.
like/ parents	Twalitemwa abafyashi beesu.

IFYAKUCITA 1/ACTIVITY 1

Asuka aya amepusho / *Answer the following questions*
1. Bana Mapalo ni bani ishina?
2. Bushe ba Sarah batali?
3. Bushe bamayo ba Sarah balyonda?
4. Bushe ba Sarah bapalana na nani muluupwa?
5. Ba Thomas bapalana na bani?
6. Bushe batata bakwata umushishi uutali?

IFWAKUCITA 2/ACTIVITY 2

Bushe cishiinka nangu bufi? / *True or False?*

Icilangililo: Bashi Mapalo ni ba John.
Bufi, bashi Mapalo ni ba Thomas.

1. Bamayo ni ba Sarah.
2. Bashi Mapalo balifita.
3. Ndume wakwa Mapalo bapalana na bamayo.
4. Bamayo balikashika.
5. Mapalo alipalana na bamayo.
6. Bamayo bakwata umushishi uwipi.
7. Bamayo balyonda leelo batata baliina.
8. Batata bakwata umushishi uwamfwi.
9. Mapalo mwipi.
10. Bashi Mapalo batali.

IFYAKUCITA 3/ACTIVTY 3

Kuti wamulondolola shaani uyu muuntu ulipacikope?

How is the above person (in other words, how would you describe the above person?)

Icilangililo
(i)   **Umuuntu uyu mutali**   *This person is tall.*
(ii)   **Umuuntu uyu teemutali**   *This person is not tall.*

IFYAKUCITA 4/ACTIVITY 4

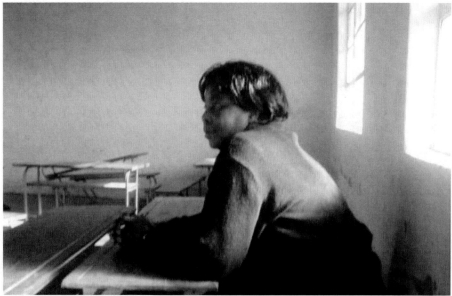

Namayo/*Woman*

Kuti wamulondolola shaani uyu muuntu alipacikope? *How is the above person (in other words, how would you describe the above person?)*

IFYAKUCITA 5/ACTIVITY 5

Siblings

Kuti wabalondolola shaani aba baantu bali pacikope?
How would you describe the people in the picture above?

IFYAKUCITA 6/ACTIVITY 6

Umukashana/*Girl*

Kuti wamulondolola shaani uyu mukashana ali pa cikope?

How would you describe the girl in the picture?

IFYAKUCITA 7/ACTIVITY 7

Describe your mother, father, brother, sister to your classmates.

> ## Culture
>
> Among the Bemba beauty was seen from different perspectives such as behavior, respect, and decency, among others, of the person. There was and still is the idea that 'beauty is only skin deep.' Therefore, it was not uncommon among the Bemba to get a woman who might be judged by some to be ugly on the basis of physical characteristics, but yet she is beautiful in terms of other inner characteristics.
>
> Behavior was one of the fundamental priorities in determining a beautiful woman. A woman had to be hard working and respectful to a husband and the community as a whole. In terms of physical characteristics, complexion was one of the

> essential requirements. Most men preferred light skinned people to dark skinned this could have been influenced by the arrival of the white person in Africa who was associated to Godliness and beauty. Another essential feature of equal importance was weight. A relatively plump woman was considered to be more beautiful than a slim woman. Being slim was a sign ill-health. Equally important, being too fat was not desirable.
>
> However, nowadays most modern young women want to be slim. This is a move towards the Western definition of beauty and also because of health concerns.

Gilama/Grammar

More on Adjectives

1. As we saw earlier on, in Bemba the adjectives agree with the noun they qualify. Some adjectives in Bemba can either come BEFORE the noun or AFTER the noun they modify.
2. In order to show that these adjectives are related to people, there is a **ba-** or **mu-** before them. Remember that the **ba-** also functions as an honorific prefix.

ADJECTIVES with plural nouns

Singular	Plural
Umukashana umutali	abakashana abatali
Umwaanakashi uwakashika	abaanakashi abakashiika
Umuuntu umwipi	abaantu abepi
Umulumeendo uwafita	abalumeendo abafita

IFYAKUCITA 8/ACTIVITY 8

Balipalana - *They look alike*

The following people look alike (or at least they have similar personality traits). Tell this to your colleague. Follow the model:

Batata <u>balipalana</u> na bashikulu .   *Father <u>looks like</u> granpa.*

1. bamayo   >   bamama
2. ukoonda   >   batata
3. bamayo   >   Lombe
4. Peter   >   batata
5. Chiti   >   bamayo mwaice

IFYAKUCITA 9/ACTIVITY 9

Umuuntu uwabashaani? *What kind of a person?*

Use the following adjectives to describe the following people you know.

| **Icilangilo:** | **Umuuntu uwabashaani?** |
| | **Umuuntu uwamucinshi.** |

-cishinka	*trustworthy*
-cenjela	*clever, bright*
-tumpa	*dumb, foolish, ignorant*
-tondolo	*quiet*
-busaka	*clean*
-suma	*beautiful, nice, handsome, good*

IFYAKUCITA 10/ACTIVITY 10

Babili babili/*In pairs*

Using as many adjectives as possible, describe yourself to your colleague and let him/her describe you to the class.

IFYAKUCITA 11/ACTIVITY 11

Write a description of one member of your class using at least four adjectives from the ones given below:

> -kulu
> -kashika
> -ina
> -tali
> -aice

IFYAKUCITA 12/ACTIVITY 12

Babili babili

Tell your colleague the personality traits of those people you do not like. Your colleague will present to the class what you tell him/her.

Gilama/Grammar

The verb *To Have*.
li- ...
The **present tense** is expressed as follows:

Ndi + (na)	=	**Ndi (na)**		*I have*
U + li	=	**Uli**		*You have*
A + li	=	**Ali**		*She/He has*
Tu + li	=	**Tuli**		*We have*
Mu+ li	=	**Muli**		*You have*
Ba + li	=	**Bali**		*They have*

These are some of the words used with HAVE:

umutwe	*headache*
ilino/umuca	*toothache*
incito	*work*
icilaka	*thirst*
icilonganino/ukukumana	*a meeting*
insala	*hunger*
icifukushi/ubukali	*anger*

As it can be seen, the first person can either go with **ndi** or **ndina** The use of parenthesis indicates that it is optional, as in **ndi(na)**.

Expressing Age using the verb 'to have'
The verb "to have;" is used when expressing one's age in Bemba. For example;
Ndi neemyaaka ikumi   *I am ten years old.*
Uli neemyaaka inga?   *How old are you?*

Gilama /Grammar

The verb have/has NOT
The verb have/has NOT in Bemba changes from the shape of the have.

	nshi	+	li	=	**Nshili**		*I do not have*
Ta	+u	+	li	=	**Tauli**		*You do not have*
Ta	+a	+	li	=	**Tali**		*s/he does not have*
Ta	+tu	+	li	=	**Tatuli**		*we do not have*
Ta	+mu	+	li	=	**Tamuli**		*you all do not have*
Ta	+ba	+	li	=	**Tabali**		*they do not have*

For the first person pronoun the particle which indicates negation is different from the rest of the personal pronouns in that instead of **ta-** it has **nshi.** Moreover, the particle **-na** is used in various ways. It can mean *with, by, and, also, as well*, etc

1. **na-** as a conjunction *and*

Abaantu babili/ *Two people*

2. **na-** as a conjunction *with*

umupunga ne nama	*Meat and rice*
umulumeendo no mukashana	*A boy and a girl*
icitabo na pensulo.	*A pencil and a book*

3. **na-** as an adverb *by*

na basi	*by bus*
na motoka	*by car*
nencinga	*by bicycle*

IFYAKUCITA 13/ACTIVITY 13

ibumba lya banamayo / *group of women*

Describe the people you see in the above picture saying who has what and who does not have what:

IFYAKUCITA 14/ACTIVITY 14

Look at the picture above and describe the people in it. Try to use as many adjectives as possible.

Ukuputulukamo / Review

This review section, in the form of exercises, covers what you have learned in lessons 4-6.

1. Describe each member of your family to your class.
2. Tell the class what is in your room.
3. Let your colleague describe his/her house to you, then give the description to the class.
4. Ask your friend where he/she comes from and report to your class.
5. Tell your colleague what is in your house and let him/her tell you the same.
6. Tell your friend about your likes and dislikes.
7. Describe what you will buy for your friend on his/her birthday.

Amashiwi / *Vocabulary*

bamama	*grandma*
alefwaya	*s/he wants*
incito ishingi	*lots of work*
incito	*work*
umushishi	*hair*
-busaka	*clean*
-buta	*white*
ibeli	*first*
shing'anga	*doctor*
-aice/nono	*small*
-palana	*look alike*
kasuli	*last*
munyina	*sibling*
-tumpa/bututu	*foolish, ignorant*
keke	*cake*
-ukwiina	*fat, plump, thick*
kofi	*coffee*
-kulu	*big*
kukuso	*left hand side*
kukulyo	*right hand side*
ifitabo	*books*
ulupwa	*family*
umukashi	*wife*
umulimi	*farmer*
icisankano	*a meeting*
naashi	*nurse*
pafya	*about*
-cenjela	*clever, bright*
-tondolo	*quiet*
icilaka	*thirst*
insala	*hunger*
pensulo	*pencil*
-ipi	*short*
Asuka	*answer*
-bili	*second*
-tumpa/bututu	*dumb, foolish, ignorant*
-tali	*tall, long*
seka	*laugh*
shikulu	*grandpa*
shuga	*sugar*

inkashi	*sister*
tauni	*town*
-fita	*black*
-konda	*slim, thin*
kashika	*light, red*
londolola	*explain*
abaana	*children*
-cishinka	*trustworthy*
waandi	*mine*

Isambililo lya Cine Lubali
Lesson 7

IMILANDU/IFYOTWALASAMBILILA/WHAT WE WILL LEARN

Topic: Account for a trip and one's plans
Function / Aim: Recounting a trip and activities during a trip; Talking about the future
Grammar: The Past Tense, Infinitive ku, the Future Tense
Cultural Notes: The Victoria Falls, Ing'ombe Ilede

Marian nomunankwe baletandala ku Victoria Falls. Marian alalanda palwendo lwabo.
Marian and her friend, Mutale are visiting Victoria Falls. She talks about their trip.

we live	Ine nomunandi Mutale **twikala** ku Lusaka.
we went/ airplane	Twaile ku Victoria Falls n**endeke**.
we departed/ around/ morning/ on Friday	**Twaimine** ukufuma ku Lusaka kuma 8 ulucelo Pali**cisano**.
hotel	Elyo twaile ku **otela**. Iyi otela ni Sun Hotel.
we rested/ a bit	**Twatushisheko panono.**
in order to see/ falls	Pakuti tumone icipoma casotambe .
they are amazing	**Icipoma** ala cisuma nganshi.
/we went back/ we ate	Twalibwelele ku otela mukulya.
afterwards/ teerera/ mumhanzi	**Panuma, twalisatandalila incende shimbi.**
	Pa Chibelushi twaile ku Hwange National Park.

animals / of different kinds	Twalisamona ifinama ifyapusana-pusana.
lion / elephant / and others	Twamwene inkalamo, insofu na shimbi inama.
wake up	Pa Sondo **twabukile** kuma 6.
we got ready	**Twaisayamba ukuipekanya kwakubwelela** ku Lusaka.
we arrived	**Twafikile** ku Lusaka akasuba kuma 12.

IFYAKUCITA 1/ACTIVITY 1

Asuka aya amepusho:
1. Marian na Mutale bekala kwisa?
2. Nilisa baile ku Victoria Falls?
3. Baile **inshita nshi**? *what time?*
4. Ishina lya otela lishina nshi?
5. Ninshi Marian na Mutale bamwene ku Victoria Falls?
6. Ninshi Marian na Mutale bamwene ku Hwange National Park?
7. **Nilisa** babwelele ku Lusaka? *when?*
8. Babwekelemo nanshi?
9. Ninshita nshi baimine?
10. Bafikile inshita nshi ku Lusaka?

IFYAKUCITA 2/ACTIVITY 2

Bushe cishinka nangu bufi?
Are the following sentences true or false? Correct the false ones.

1. Marian na Mutale bekala ku Hwange.
2. Baile ku Victoria Falls na baasi. *by bus*
3. Balimonako nefinama mu Hwange National Park.
4. Babwekele ku Lusaka nendeke.
5. Bafikile ku Lusaka akasuba.

The Victoria Falls

Victoria Falls is one of the seven natural wonders of the world. It is estimated to be 150 million years old. The Falls is locally known by the Tonga name **'mosi aotunya'**, (the smoke that thunders). It was renamed as the Victoria falls by David Livingstone in honour of Queen Victoria.

In terms of size, the Victoria Falls is approximately 5600 feet wide. It is divided into five separate waterfalls: Devils Cataract, Main Falls, Horseshoe Falls, Rainbow Falls and Eastern Cataract, ranging in height from 200 - 355 feet. Peak flood waters usually occur around mid April when 150 gallons of water per minute crash onto the rocks below spraying water up to 1650 feet in the air. Hence the African name for the falls **Mosi ao Tunya**, the smoke that thunders. Victoria Falls and the Zambezi River form the border between Zambia and Zimbabwe. The banks of the 1675 mile long Zambezi river are lined with thick riverine forest.

The awe-inspiring abyss is spanned by a 1905 Edwardian bridge which links the two countries. The masses of water plunging down the Falls and into the gorge below originate from the mighty Zambezi River that meanders through more than 2 700 km of African countryside. The Victoria Falls and all its associated adventure-packed activities have a way of whetting the appetite. The Sun hotel is right next to the Falls where delicious meals are served.

Activities available at the Falls

White-water rafting. The ultimate African adventure. One of the major tourist attractions of the Falls, commercial white-water rafting started about 10 years ago. Today several companies are offering these adventure-filled packages to tourists. This activity takes place below the Falls and the white water section of the Zambezi extends for just over 20 km, hurtling the rubber boats through 19 gorges bordered by sheer cliffs of up to 700 ft high. This adventure is regarded as a Grade 5 "run" (grade six is regarded as "non-runnable"). These rafting excursions are conducted from July to March. Those wishing to take it in their stride can opt for a 3-day white-water canoeing trail stretching along 65 km of the Zambezi, from the Botswana border to the Victoria Falls. Irrespective of the kind of white-water adventure one chooses, safety is of major concern. Each rafting trip is preceded by a safety talk during which the guide instructs his passengers on the importance of safety helmets, high-flotation life jackets and other equipment, and demonstrates safety procedures.

Canoeing/game viewing. For the less adventurous. Rent a canoe and cruise down the river upwards from the Falls while viewing game coming to drink at the water's edge. This water-bound trip will take you through the Mosi-ao-Tunya National Park on the Zambian side of the Zambezi. Cameras and binoculars are recommended, as you will come within a stone's throw of animals such as elephants, buffaloes, waterbuck, kudu and many others. Visitors can embark on full or half-day trips to explore the rapids and channels on the Zambian side of the river.

Bangi-jumping. Not for the faint-hearted. A visit to the Victoria Falls is packed with adventure, and those wishing to experience the thrill of bangi-jumping have one of the most scenic spots in the world at their disposal. Please note that medical conditions are taken seriously and it is essential to check with the relevant company in this regard well before you take the plunge!

INGOMBE ILEDE

Ingombe Ilede is an archaeological site in Zambia. It is located on a hill near the confluence of the Zambezi and Lusitu rivers, near the town of Siavonga close to the Kariba Dam. The literal meaning of the word **ingombe ilede** is *where the cow sleeps*.

> However, others say that it means *the sleeping cow* because the looks, from the distance, as if it is the cow sleeping. The site was uncovered in 1960.
>
> The place is thought to have been a small commercial state or principality. Textile, copper ore, ceramics, gold and other findings from the 7th till 16th century make this one of the most important archeological sites in the region. Ingombe Ilede flourished in the 13th till 15th century, and it is believed to have had trade relations the Mwenemutapa Empire and India.

©2004 - African Travel & Safaris - Guide to Africa

Gilama / Grammar
The Future Tense

The future tense in Bemba occurs in different forms. To express an action in the immediate future, use the infix marker **–la-** before the root of the verb.

N**ka**ya ku Victoria Falls.	*I will go to the Victoria Falls.*
N**ke**sa akasuba	*I will come in the afternoon.*

To express an action in the distant future future tense, use the infix marker -**ka**- before the root of the verb.

N**ka**ya ku Victoria Falls.	*I will go to the Victoria Falls.*
N**ke**sa mailo.	*I will come tomorrow.*
N**ka**sambilila Icibemba.	*I will learn Bemba.*

The Negative Future Tense

The future negative in Bemba is fairly easy to grasp. The negative markers are **nsha** for the first personal pronouns and **ta** for the second and third personal pronouns. In both cases the final vowel changes from **a** to **e.**
Take a look at the following examples.

Nshakaye kuVictoria Falls.	*I will not go to the Victoria Falls.*
Nshakese mailo.	*I will not come tomorrow.*
Nshakasambilile Icibemba.	*I will not learn Icibemba.*
Takaye ku Victoria Falls.	*He/she will not go to Victoria Falls.*
Tatwakaye ku Victoria Falls.	*We will not go to Victoria Falls.*

Useful Expressions about the future

mailo	*tomorrow*
uyu umulungu uleisa	*next week*
uyu umweeshi uleisa	*next month*
uyu umwaka uleisa	*next year*
wikendi iileisa	*next weekend*
bulya bushiku	*day after tomorrow*

IFYAKUCITA 3/ACTIVITY 3

Bushe mailo ukaya kwiisa/kwi? *Where will you go tomorrow?*

Eba umunobe uko ukaya mailo nefyo ukayamukucita. Nankwe akwebe uko akaya mailo nefyo akaya mukucita.
Tell your friend where you will go tomorrow and what you will do. Let him/her tell you the same.

IFYAKUCITA 4/ACTIVITY 4

Bushe mailo bakaya kwisa? *Where will they go tomorrow?*

Icilangililo: Mutale /Victoria Falls
                Mutale akaya ku Victoria Falls mailo.
1. Chisha na Bwembya / Siavonga
2. Peter / otela
3. Mutale / tauni
4. Bamayo/ **kicini**   *kichen*
5. Mumbi / yunifesiti
6. Umukashana / **sukulu**   *school*
7. Pulofesa Chintu / Johannesburg
8. Batata na bamama / Mbala

IFYAKUCITA 5/ACTIVITY 5

Tell your class about an interesting historical site in your country.

IFYAKUCITA 6/ACTIVITY 6

Express the following in the negative form. Follow the example that is given.
Mutale bakaya na Marian.
Mutale tabakaye na Marian.

1. Bamayo bakepika ifyakulya. *food*
2. Batata bakaya ku ncito.
3. Umusambi akabelenga icitabo.
4. Ine nkaya ku tauni.
5. Batata na bamayo bakayamukutandala ku Siavonga. *visit*
6. Tukeemba (this is coming from tu-ka-imba, where a and i have fused into ee).
7. Chisha akatamba tenesi.
8. Bwalya akaya mailo.

Gilama / Grammar

The Past Tense
Recent Past Tense

The recent past tense is used to talk about actions that have just occurred. The recent past is shown by the infix **–ci-** which is put just before the root of the verb.

Person	Singular		Plural	
1st	**Nacikala**	*I stayed, sat*	**Twaciya**	*We went*
2nd	**Wacitemwa**	*You were happy*	**Mwacilya**	*You ate*
3rd	**Acisambilila**	*He/she learnt*	**Bacisambilila**	*They travelled, walked*

Remote Past Tense

The remote past tense takes the infix -li-. It is used to talk about past events, those which have happened yesterday and beyond.

Past Subject + **-li-** + Verb

Person	Singular		Plural	
1st	**Naliikala**	*I stayed, sat*	***Twaliya***	*We went*
2nd	**Walitemwa**	*You were happy*	***Mwalilya***	*You ate*
3rd	**Alisambilila**	*He/she learnt*	***Baliyenda***	*They travelled, walked*

NEGATION

The recent and remote past tenses in Bemba are negated in exactly the same way: The only exception is the first personal pronoun which takes **nsha-** instead of **ta-**.

Ta + Present Subject + **li**   Infinitive verb

Person	Singular		Plural	
1st	**Nshaikele**	*I did not stay, sit*	**Tatwaile**	*We did not go*
2nd	**Tawatemenwe**	*You were not happy*	**Tamwalile**	*You did not eat*
3rd	**Tasambilile**	*He/she did not learn*	**Tabaendele**	*They did not travel, walk*

Useful Expressions about the past

mailo	*yesterday*
uyu umulungu wapwile	*last week*
uyu umweshi wapwile	*last month*
uyu umwaka wapwile	*last year*
iyi wikendi yapwile	*last weekend*
bulya bushiku	*day before yesterday*

The infinitive KU used with verbs

The infinitive verb in Bemba starts with the prefix **ku-**. This infinitive however is preceded by an augment vowel **u**. The vowel **u** in itself is not part of the infinitive **ku**, but it is part of the Bemba language structure, since Bemba is an augment language, hence:

ukuya	*to go*
ukwishiba	*to know*
ukubwela	*to return*
ukumona	*to see*
ukufwaya	*to want, like, love*
ukwikala	*to live, stay, sit*
ukubomba	*to work*
ukwenda	*to travel, walk*
ukuya	*to go*
kutemwa	*to be happy*

The negative Infinitive

The negative is marked by **-kana-**. The following are examples:

ukulya	uku**kana**lya
ukwenda	uku**kana**enda
ukubelenga	uku**kana**belenga
ukutemwa	uku**kana**temwa
ukwimba	uku**kana**imba

IFYAKUCITA 7/ACTIVITY 7

Bushe nikwisa baile mailo? *Where did they go yesterday?*

Icilangililo;   Mutale /Victoria Falls
                    Mutale aile ku Victoria Falls mailo.

1. Chisha na Bwembya/ Siavonga
2. Peter / otela
3. Mutale / tauni
4. Bamayo/ **kicini**   *kitchen*
5. Mumbi/ yunifesiti
6. Umukashana / **sukulu**   *school*
7. Pulofesa Chintu / Johannesburg
8. Batata na bamama / Mbala

IFYAKUCITA 8/ACTIVITY 8

Express the following in the past negative form. Follow the example that is given.

Mutale baile na Marian.
Mutale tabaile na Marian.

1. Bamayo baliipika ifyakulya.   *food*
2. Batata baliya ku ncito.
3. Umusambi alibelenga icitabo.
4. Ine naliya ku tauni.
5. Bamayo na batata balisambilila Swahili.
6. Twaliimba.
7. Chisha alitamba tenesi .
8. Bwalya aliya icungulo.

IFYAKUCITA 9/ACTIVITY 9

Tell your friend what you did yesterday. Exchange roles and ask him/her what he/she did last week.

IFYAKUCITA 10/ACTIVITY 10

Babili babili. Ipusha umunobe amepusho ayo ayali pesamba. *Ask your friend the following questions.*
1. Ukaya kwisa Pacibelushi?
2. Bushe ukalala ku otela mailo?
3. Ukaya nani ku sukulu?
4. Ukaya nani ku laibulali?
5. Ukafika inshita nshi?
6. Bushe ukemba na Mwape?
7. Ukalya nshi mailo?
8. Ukaya kwisa?

IFYAKUCITA 11/ACTIVITY 11

Babili babili/*In pairs*
Eba umunobe ifyo abantu bacita muli ishi incende.
Tell your partner what people do in the following places.

Icilangililo:
Isukulu
Abasambi basambilila ku sukulu.

1.	laibulali	2.	kalasi
3.	sinema	4.	lestilanti
5.	supamaketi	6.	tauni
7.	kicini	8.	**Maliketi/umushika** *market*

IFYAKUCITA 12/ACTIVITY 12

Kaleenda yakwa Rose
Rose has plans for the whole week. Read the entries from her diary and tell your partner what she will be doing.

Icilangililo: **Palicibili kuya kutauni**
                 Palicibili Rose akaya kutauni

1. Sondo   kubelenga Icisungu
2. Palicimo   kuya ku yunifesiti
3. Palicibili   kuya ku saluni
4. Palicitatu   shinema (ubunkolanya), kuya ku supamaliketi
5. Palicine   kuya ku laibulali
6. Palicisaano   kuya ku paati
7. Pacibelushi   kuwasha, kucisa   *to wash/iron*

IFYAKUCITA 13/ACTIVITY 13

Babili babili *In pairs:*
Your classmate tells you that she/he will do the following activities. Tell her/him that you will not do the activities.

Icilangililo:
        Nkaya mailo.
        Nshakaye mailo.

1. Nkaya kusaluni.
2. Nkabelenga ifitabo.
3. Nkepika ifyakulya.
4. Nkatamba tenesi.
5. Nkaya**tandala** kuVictoria Falls.   *visit*
6. Nkatamba ulabasa wafikope.
7. Nkaya ku Botswana.
8. Nka**lemba kalata**.   *write letter*

Ukulondolola / *Explanation*

Rose aleelanda na umunankwe pafoni. *Rose talks to her friend over the phone.*

	Rose:	Shaani wemunandi?
doing what	Bwalya:	Ndifye bwino, mailo ukalacite nshi?
	Rose:	Mailo nkaya ku laibulali. Ninkwata
examination		**amashindano** pa Mande/palicimo.
	Bwalya:	Nga iwe ukalacita nshi mu cungulo?
	Rose:	Tapali wemunandi.
let us go	Bwalya:	Tiyeni ku pate yakwa Musonda.
party for what?	Rose:	**Pate** nshi?
graduation	Bwalya:	Iya **gilajuwesheni**.
is he done?	Rose:	Oo! Musonda **alipwisha**?
	Bwalya:	Ee.
	Rose:	Kuti natemwa ukuyako
let us meet	Bwalya:	Kuti twakumana **pa 6**.
	Rose:	cisuma, kwiisa/kwi?
	Bwalya:	Pa *News Cafe*.
	Rose:	Cisuma wemunandi, twalamonana.

IFYAKUCITA 14/ACTIVITY 14

Asuka aya amepusho. *Anwer the following questions.*

1. Rose akaya kwiisa/kwi mailo?
2. Nani ali nookusefya/napaatepaate?
3. Kusefya kwanshi/ni paate yakusefyafinshi?
4. Bakaya ku kusefya/paate inshita nshi?
5. Bakakumanina kwiisa/kwi?

Amashiwi / Vocabulary

pano-pene	*right here*
-fuma	*come from, go out*
icalici	*church*
-temwa	*like/love*
-fwaya	*want, need*
-lya	*eat*
-sambilila	*learn*
inyimbo	*songs*
enda	*go*
-fwa	*die*
ulupili	*mountain*

-kuti	*be able/can*
uyu umwaka uleisa	*next year*
otela	*hotel, restaurant*
-cita	*do/make*
ili line	*right now*
kicini/cikini	*kitchen*
kwiisa/kwi?	*where?*
bulya bushiku	*day after tomorrow*
mailo	*tomorrow*
nomba line	*recently*
ubusanshi	*bed*
-buka	*wake up*
indimi	*language*
muziyamu	*museum*
uyu mweeshi uleisa	*next month*
-pepa	*pray*
pakuti	*because*
ilelo	*today*
-nwa	*drink*
inkumba	*pork*
-mwentula	*smile*
Nshila, abenamupalamano	*street, neighborhood*
kuti banjelelako mukwai	*excuse me/us*
laibulali	*library*
cisa	*which/what type?*
ubwali	*stiff mealie meal porridge*
-tandala	*visit*
Sinema/ubunkolanya	*cinema, film*
sipinaci	*spinach*
-fika	*arrive*
uyu mulungu uleisa	*next week*
-tamba	*watch, observe*
tauni	*town*
-landa	*say, speak*
-shita	*buy*
-onda	*slim, thin*
bonse	*all of us*
-samba/owa	*swim*
-isa panoono	*come slowly*
-belenga	*read, study*
Waini/indifayi	*wine*
Wikendi/pamulungu	*weekend*
-shiba	*know/know how*

Isambililo lya Cine Konse Konse
Lesson 8

IMILANDU/IFYOTWALASAMBILILA/ WHAT WE WILL LEARN

Topic: Means of Transport and Names of Months
Function / Aim: Expressing different means of transport, talking about one's trip and personal daily activities
Grammar: Adverbs, Past Tense Progressive, Stative Verbs
Cultural Notes: Means of Transport

Ukulondolola/*Explanation*

Ulwendo lwesu na basi. *Our journey by bus*
Chibesa alelanda palwendo lwabo ulwaku Harare. *Chibesa talks about their journey to Harare*

we thought/ about going	Ine nomunandi **twapangane ukuya** ku Harare na baasi.
we booked	*twalietesha*/**Twalibuking'a** baasi iyo beta ati *Euro Africa*.
it takes/ hours	Cilaposa inshita pakuya ku Harare. Catusendele nsa 15 muli ululwendo na baasi.
first time/ on journey/ this	Bonse nomunandi **ulu elwali ulwendo lwakubalilapo ukuya** ku Harare.
it was fun	Ala caliweme.
it stopped/ they disembarked	Basi **yatalile yaiminina** pa Livingstone. Cilya yaiminina

	bantu bonse **baikila**.
something to eat/ packed lunch	Abantu baile mukushita **ifyakulya**. Ifwe twalile **ifyakulya fyeesu ifyo twasendele**.
one	**Baasi yaikelepo nsa imo.**
border/ middle of the night	Twafikile paboda pa Zimbabwe na Zambia pakati ka bushiku.
we took out/ passports/ our	**Twafumishe amapasu yeesu.**
after a short while/ we proceeded	**Tapapitile nenshita iitali twaima**.
	Twafikile ku Harare muma 5 koloko ya lucelo.

IFYAKUCITA 1/ACTIVITY 1

Asuka aya amepusho.
1. Chibesa aile kwiisa/kwi noomunankwe?
2. Ninshi baninine?
3. Baile na baasi iyo beta shaani?
4. Abantu bacitile shaani lilya bafikile ku Livingstone. Balile nshi?
5. Nga paboda ya Zimbabwe na Zambia bafikile nshita nshi?

IFYAKUCITA 2/ACTIVITY 2

Bushe cishinka nangu bufi?

True or False? Say if the following sentences are true or false. Correct the false ones.

1.	Chibesa aile ku Harare eka.	*alone, on her own*
2.	Baile n**eshitima**.	*train*
3.	Bafikile ku Livingstone ulucelo.	
4.	Bafikile pa boda pa Zimbabwe na Zambia pakati kabushiku.	
5.	Tabafumishe amapasu paboda.	
6.	Bafikile ku Harare ulucelo kuma 8.	
7.	Basi yaiminine nsa shitatu ku Livingstone.	
8.	Baile na basi iyo beta ati Euro Africa.	

Amashina a myeeshi. *Bemba names of months*

Janyuwali	or	Akabengele kanono	*January*
Febuluwali	or	Akabengele kakalamba	*February*
Maci	or	Kutumpu	*March*
Epuleo	or	Shinde	*April*
Meyi	or	Akapepo kanono	*May*
Cuni	or	Akapepo kakalamba	*June*
Julayi	or	Icikungulupepo	*July*
Okasiti	or	Akasaka ntobo	*August*
Seputemba	or	Ulusuba lunono	*September*
Okutoba	or	Ulusuba lukalamba	*October*
Nofemba	or	Cinshikubili	*November*
Disemba	or	Umupundu milimo	*December*

Meanings of the names of months

Akabengele kanoono	January	*month of want*
Akabengele kakalamba	February	*Women's month*
Kutumpu	March	*Men's month*
Shinde	April	*Time of continuous but light rain*
Akapepo kanoono	May	*Minimal cold season.*
Akapepo kakalamba	June	*The 'maximum' cold season Sixth month*
Icikungulupepo	July	*Rolling month –***kunguluka** *'roll'.*
Akasaka ntobo	August	*The time when sorgam is harvested*
Ulusuba lunoono	September	*Minimal 'hot' season*
Ulusuba lukalamba	October	*Maximum 'hot' season*
Cinshikubili	November	*Combination of hot season and rainy season*
Umupundu milimo	December	*Month when work begins*

Note that the traditional names of the months are rarely used as people prefer using the modern ways of giving dates.

IFYAKUCITA 3/ACTIVITY 3

Do the names of the month carry particular meanings in your culture?

IFYAKUCITA 4/ACTIVITY 4

Ubushiku bwacifyalilwa / *Birthday*
Eba umunobe ubushiku aba abaantu pesamba bafyelwe.
Tell your friend when the following people were born.

1. Batata (06/11)
2. Bayama (14/4)
3. Bamayo (18/7)
4. Chileshe (10/3)
5. Chishimba (25/9)
6. Kalunga (01/11)
7. Mulenga (18/7)

Note: Keep the numbers as they are. Give the Bemba name of the month.

Gilama /Grammar

Adverbs and Degree of Frequency Phrases

An adverb serves to describe a verb in terms of degree, manner, time and place. Adverbs in Bemba are both pure and derived.

Expressing Degree of Frequency with **i-**

When **i-** is prefixed to a numerical adjective, it denotes the number of times. The **i-** is often preceded by **imiku** which means *how many times*.

imiku inga	*how many times*
imiku iingi	*many times*
limo limo	*few times*
umuku umo	*once*
imiku ibili	*twice*
imiku itatu	*three times*

Other Degree of Frequency Phrases

Limo limo inshita shimo
lyonse   *all times*
Ilingi line   *most of the time*
Limbi   *later*

Manner

mukunakilila   *softly*

mumutalalila   *quietly*
mufitala/mubulamba/mufikansa *with force*

Time Oriented Adverbs

    ubushiku   *night*
    mailo   *tomorrow*
    lelo   *today*
    mailo   *yesterday*
    bulya bushiku   *the day before yesterday*
    umwaka   *year*
    ubushiku   *day*

The use of **cila-** gives repetitive or durational meaning to the following phrases when used adverbially.

    cilabushiku   *every day*
    cilamweshi   *every month*
    cilamwaka   *every year*

Place

The locative nouns all function also as adverbs to denote location.

    panshi [n 16]   *down, ground, floor*
    palya [n 16]   *there*

IFYAKUCITA 5/ACTIVITY 5

Choose five phrases from the following. Construct short sentences.

Imiku inga	*how many times*
iingi	*many times*
limo limo	*few times*
umo	*once*
imiku ibili	*twice*
inshita shimo-shimo	*sometimes*

IFYAKUCITA 6/ACTIVITY 6

Ipusha umunobe ukwile aba abantu. *Ask your friend where the following people have gone. (Let him/her answer in the affirmative. Exchange roles at the end of the exercise.)*

Icilangililo:

Bupe	Johannesburg

Bupe ele kwiisa/kwi?
Bupe ele ku Johannesburg

Umusambi	Nairobi
Mwila	kusukulu
Bamayo	kutauni
Katongo	kusinema
Mwamba	ku Mozambique
Mwansa	Kupate
Bwalya	ku Cape Town
Batata	Kuncito
Chisha	kulaibulali
Mubanga	Harare

Gilama / Grammar

Past Progressive Tense

The past progressive tense in Bemba means *used to*. It is marked by **lee** before the verb. Let us look at the following examples:

Naleya.	*I used to go.*
Nalebutuka.	*I used to run.*
Naletandala.	*I used to visit.*

The negative Progressive Tense

The negative progressive tense is marked by **ta-** at the beginning of the word in the second and third person. It is represented by **nsh-** in the first person. Therefore we will have:

Nshaleya	*I used not to go.*
Nshalebutuka	*I used not to run.*
Nshaletandala	*I used not to visit.*
Taleeya	*He/she used not to go.*
Taleebutuka	*He/she used not to run.*
Taleetandala	*He/she used not to visit.*

Nanshi? - *By what means of transport?*
Nanshi at the end of a sentence especially after the word that has to do with travelling is a question marker asking "by what means of transport?" It can be mentioned that even **nenshi** is used. **Nenshi** is an assimilation of **na** (*with*) and **inshi** (*what*) therefore: na+ inshi = nenshi.

A:	Mwaciya nanshi	*How did you go?*
B:	Twaciya na baasi	*We went by bus.*

IFYAKUCITA 7/ACTIVITY 7

Nikwisa beele?   *Where did they go?*

Ask your colleague whether the people in the table in Activity 6 went to the specified places. Let him/her say they did not go. Exchange roles at the end of the exercise.

IFYAKUCITA 8/ACTIVITY 8

Mwaciya nanshi? *How did you go?*
Ipusha umunobe ifyo aba abantu baile nafyo. *Ask your friend how the following people went to the specified places. Exchange roles at the end of the exercise. Follow the example.*

| Bwembya | Kapiri | Ishitima |

Bwembya aile nenshi ku Kapiri?
Bwembya aile ku Kapiri neshitima.   *By train.*

Umusambi	Nairobi	Ndeke
Mwila	Ku sukulu	incinga
Bamayo	Ku tauni	Motoka
Katongo	Ku shinema	Takishi
Mwamba	Ku Mozambique	Baasi
Mwansa	Ku paate	Motaka
Bwalya	Ku Cape Town	Ndeke
Batata	Kuncito	Motaka
Chisha	Ku laibulali	Na makasa *on foot*
Mubanga	Harare	Basi

Inshila yakwendelamo

Means of Transport

City Transportation
The majority of the population in Zambia use public transport. However, privately owned means of transport is becoming common in recent times. In most cities and major towns in Zambia, there are privately owned small buses called mini-buses which carry about 16 passengers and are used to service local routes in town. These cold be quite crowded and irritating to a visitor. However, there times when bigger buses are used which carry about 25 passengers; these could be quite comfortable.

Taxi
Taxis are very common in Zambia and they are found almost in every town. The taxis are privately owned cars and there are most common in the cities where there is demand for them. For example taxis are very common in cities such as Lusaka, Kitwe, Ndola and Livingstone.

Bus
Buses are commonly used as a means of transport in Zambia. In some buses, seats can be reserved in advance but in others one can only buy the ticket when they get to the station. Those which require reserving seats are mostly time buses. Buses are used mostly for long distance travel between towns. Buses are also used when going to countries bordering Zambia and even others such as South Africa, Botswana, Zambia, and Mozambique. Some of these buses are very modern indeed, with all amenities such as toilets, video shows, snacks, etc. Some buses also go as far as The Congo and Tanzania.

Air
Air transport is also quite common, but not everyone can afford the fares. Only those who can afford usually use air transport.

Gas
Three basic kinds of gas are available: blend, unleaded, and diesel.

Traffic Rules
The speed limit on Zambian roads is 120km/hour for vehicles on highways and 80km/hour for buses. City limits are also specified accordingly. [See the Highway Code, Minsitry of Transport]

Driving and Car Rentals
The major tourist sites can be reached in a standard hired car. There are some car hire companies in Zambia. Driving is on the left side of the road. Most road signs are internationally recognised and therefore not difficult.

Ilyashi / *dialogue*

	Bana Mwape:	nko nko nko!
enter enter	Bana Kasonde:	**Kalibu mukwai!**
sit down on this chair		**Icipuna ici ikaleni.**
	Bana Mwape:	Mulishaani?
	Bana Kasonde:	Ndifye bwino.
how are the children	Bana Mwape:	**Abaana balishaani?**
they are fine	Bana Kasonde:	**Balifye bwino** nabaya na ku sukulu.
	Bana Mwape:	Bushe mwaliendafye bwino?
	Bana Kasonde:	Awe tatwaendele bwino.
only tired		**Ukunakafye.**
	Bana Mwape:	Mwaile nenshi?
but / far	Bana Kasonde:	Twaile ku Namibia na basi **nomba kutali**.
how many days	Bana Mwape:	Oo, **inshiku shinga?**
three days	Bana Kasonde:	**inshiku shitatu.**
so / truly	Bana Mwape:	So **mucishinka.**
return / when		**Mwabwelele lisa?**
	Bana Kasonde:	Twafikile mailo icungulo.
go and rest	Bana Mwape:	Awe imwe namunaka **katusheni.**
	Bana Kasonde:	Cisuma, twalamonana. Natotela sana.
Do not worry	Bana Mwape:	**Mwisakamana.**

IFYAKUCITA 9/ACTIVITY 9

Asuka aya amepusho pesamba:

1. Bana Kasonde baile nenshi ku Namibia?
2. Baendele inshiku shinga?
3. Abana bali kwisa?
4. Bana Kasonde babwelele lisa?
5. Bushe Ku Namibia kutali sana nangu kwipi?   *kutali*

IFYAKUCITA 10/ACTIVITY 10

What is the most commonly used form of transport in the society which you live?

Gilama / Grammar

Being in a State
Stative Verbs

Bemba has a number of verbs that refer to being in a state. We shall use the infinitive **ku** for illustration.

ukunaka	*to be tired*
ukufulwa	*to be angry*
ukwina	*to be fat*
ukuupa	*to marry (man)*
ukuupwa	*to be married (woman)*
ukubola	*to be rotten*
ukulwala	*to be sick*
ukutemwa	*to be happy*

Amashiwi / *Vocabulary*

Ogasiti	*August*
Epuleo	*April*
panuma	*after*
bamineti	*minutes*
Disemba	*December*
Febuluwali	*February*
mailo	*yesterday*
Janyuwali	*January*
akasuba	*sun*
Julayi	*July*
Juni	*June*
bulya bushiku	*the day before yesterday*
nomba line	*recently*
panuma	*after*
-pafya	*about*
mailo	*tomorrow*
bulya bushiku	*the day after tomorrow*
-kula	*grow up*
ilelo	*today*
Malici	*March*
umukaka	*milk*
kutali	*far*
peepi	*near*

Meyi	*May*
uyu mwaka wapwile	*last year*
ulya mwaka	*the year before last*
uyu mweshi wapwile	*last month*
indeke	*airplane*
ubwato	*boat*
-nga?	*how many?*
inshita nshi?	*what time is it?a*
Nofemba	*November*
Okutoba	*October*
-ukunina	*climb, get on board*
-temwa	*(to) love*
insa	*hour/s*
-ukuya	*travel, go on journey*
kuti banjelelako	*excuse me/us*
isabi	*fish*
Seputemba	*September*
-bomfya	*use, utilize*
-loba	*do some fishing, take off clothes*
bambi	*others*
uyu mulungu wapwile	*last week*

Isambililo lya Pabula
Lesson 9

IMILANDU/IFYOTWALASAMBILILA /WHAT WE WILL LEARN

Topic: Clothing
Function / Aim: Describing how people dress and what they wear
Grammar: Relatives *which/who*; Question Forms **-pi** and **-i**, *what* and *what type*; Different Colors
Cultural Information: Dressing

Ukulondolola/*Explanation*

Bamayo balalanda pafyo bakafwala kukusefya kwe sukuulu.
Mother talks about the clothing they will wear to the school celebration.

Ileelo tuleya kukusefya kwabana besukulu. Ine ndefwala ilaya ilitali. Ndebikapo na sweta pakuti ni umfwa impepo. Nalafwala ne nsokoshi ne nsapato. Nshafwale ibulaushi leelo. Batata balafwaala suti iyafita. Balabikapo ne shati iyabuuta ne nkolo. Balafwaala ne nsapato ishafita. Abasambi balafwaala amayunifomo yabo. Abakashana balafwaala amalaya yamakumbi makumbi/ayabulu babikepo ne nsokoshi ishabuta. Balabikapo ne nsapato shabo. Abalumendo balafwaala amasheti yabuuta babikepo na matoloshi ayagile. Balabikapo ne nsapato ishafita.

IFYAKUCITA 1/ACTIVITY 1

Asuka aya amepusho:

1. Bamayo bakafwaala nshi?
2. Bushe bamayo bakafwaala bulausi?
3. Batata bakafwaala suti **yelangi nshi**?   *of what colour?*
4. Batata bakafwaala insapato **shelangi nshi**?
5. Nga abakashana bakafwaala finshi?
6. Abalumendo bakafwaala amatoloshi yelangi nshi?

Amashina yafyakufwaala

bulausi	*blouse/s*
utwamukati	*panties, underpants*
ilaya/indeleshi	*a dress*
ifyakufwaala	*clothes*
gulofu	*glove/s*
akaputula/shoti	*short trousers*
akasoote	*a hat*
ikoti	*coat*
ukufwaala	*to wear, to put on*
ifyakufwaala	*clothes*
ishati/sheti	*shirt*
akafunga mabele	*bra*
itoloshi	*long trousers*
sweta(ichambepo)	*sweater, jersey*
tisheti(shikipa)	*t-shirt/s*
sweta	*jersey*
insapato	*shoes*
siketi	*skirt*
insokoshi	*socks*
inkolo	*tie*
suti	*suit*
yunifomo	*uniform*
iceketi	*jacket*

IFYAKUCITA 2/ACTIVITY 2

Lolesha pafikope. Sosa/landa ifyo aba abaantu bafwele. *Look at the following pictures. Say what each of the people is wearing.*

Gilama / Grammar

Relative Markers and Pronouns
Relative Markers/Pronouns expressing *who* and *which*
The relative in Bemba is marked by low or high tone. Take a look at the following examples:

(L) **Umwana** uubeleenga   *child who studies.*
(H) **Umuuntu** untu ndelandapo   *The person whom I am talking about.*

The interrogative Adjectives ni and isa?

The Interrogative *ni*: what, what kind of, how much?

The interrogative **ni** is added to the interrogative from in order to complete the question. This however, should not be mistakened for a prefix marker.. This ni basically asks the questions *what?, how much?, what kind of? or what colour?*' Note that this *ni-* is different from the *ni* which is equivalent to *it is* in English.

<u>Ni</u> nshita nshi?	<u>What</u> time is it?
<u>Ni</u> shinga?	<u>How much</u> is it?
<u>Ni</u> suti yelangi nshi?	What <u>color</u> is the suit?

The Interrogative *-isa*

This interrogative is used to show which or 'where'. Sometimes **–isa** is used with the prefix **ku-** as shown below.

Afuma kwiisa?   *<u>Where</u> does s/he come from?*

Moreover, with the suffix **-isa** signifies **which one**? Thus:

ilaya **li<u>isa</u>?**	*<u>Which</u> dress?*
insapato **shi<u>isa</u>?**	*<u>Which</u> shoes?*

IFYAKUCITA 3/ACTIVITY 3

Ipusha umunobe ifyo alefwaya ukushiita pali ifi fintu fili pesamba. *Ask your friend what she wants to buy from the following items.*

Icilangililo: A: Uleefwaya ukushita finshi?
B: Ndefwaya ukushiita insapato.

1. ibulaushi
2. siketi
3. inkolo
4. insokoshi
5. tisheti(sikipa)
6. sikafu   *scarf*
7. sweta(icampepo)
8. akasoote
9. suti
10. lingi   *ring*

IFYAKUCITA 4/ACTIVITY 4

Lilangi nshi/*What color is it?*
Ipusha umunobe ukuti ifi ifyakufwaala fyelangi nshi? *Ask your friend the color of the following clothes in the picture below.*
Icilangililo: Sikafu
A: Sikafu yobe yelangi nshi?
B: **Ya**bulauni   *It is/brown*

IFYAKUCITA 5/ACTIVITY 5

Nishinga/*How much is it?* **Mona pacikope cili pamulu. Ipusha umunobe umutengo wa fyakufwaala fili pesamba:** *Use the picture above. Ask your friend the price of the following clothes in the picture above:*

Icilangililo: Sikafu
A: Sikafu yobe yashinga?
B: **Ni K 10,000**   *It is...*

Gilama / Grammar

Amalangi / *Colors*

Note that the concept of color in Bemba is narrow. Bemba speakers only have a few native words for assigning different colours in their true sense. For example, there are four major colors that are expressed in one word and which may include other colors too from the Englsih perspective. These are:

-kashika	*red*	*which might also include maroon, orange, pink and purple.*
-buuta	*white*	*which might include yellow*
-fita	*black*	*which might also include brown or dark blue*
-katapakatapa	*green*	*this is a colour*

As pointed out in the examples above, anything that is brownish, bluesh is dark *icafiita*. Simillarly, anything orangish, reddish, meroonish, purplesh, pinkish is red *icakashika*. However, with the influence of English, Bemba speakers have borrowed words, including those that already exist, that give a clear description of the colors in question as in some examples below:

bulu	*blue*
gile	*grey*
yeelo	*yellow*
olenji	*orange*
bulauni	*brown*
ledi	red
waiti	white
black	bulaki
green	gilini

These will take a direct agreement with the nouns that they qualify, for example:

Insapato **isha**kashika	*red shoes*
Insapato **isha**fita	*black shoes*
Insapato **isha**buuta	*white shoes*
Insapato **isha**katapakatapa	*green shoes*

BUT

Umuntu **umu**sweshi	*brown person (complexion)*
Umuntu **umu**fishi	*black person*

Umuntu **uwa**buuta *white person/light in complexion*
OR
Icintu **ica** buuta *(a thing which is white) white thing*
Icaalo ica buuta *a white nation*

IFYAKUCITA 6/ACTIVITY 6

Ni saizi nshi ulefwaaya? - *What size do you want?*

Your colleague tells you that s/he wants the following items. Ask him or her what size s/he wants.

Icilangililo: siketi
 A: Nisaizi nshi ya siketi ulefwaya?
 B: Ndefwaya saishi 10.
1. ishati
2. insapato
3. indeleshi
4. itoloshi
5. tisheti
6. ibulaushi
7. kaputula
8. siketi

IFYAKUCITA 7/ACTIVITY 7

Nishinga bashitisha? - *How much does it cost?*

Ipusha umunobe ifyobashitisha ifi fiintu: Ask your friend how much the following things cost:

Icilangililo: siketi
 A: Siketi iyi nishinga?
 B: Ii siketi ni K 7000.
1. ishati
2. amasiti beti
3. pilo
4. inkolo
5. tisheti
6. unifomo
7. akaputula
8. insokoshi
9. sweta
10. ilaya

IFYAKUCITA 8/ACTVITY 8

Ipusha umunobe ifyo akafwaala mailo. Mailo kukaba impepo. *Ask your friend what s/he will wear tomorrow. Tomorrow it will be cold.*

Ukafwala finshi?

IFYAKUCITA 9/ACTIVTY 9

Ninshi batemwa ukufwaala?
Ipusha umunobe ifyo banyina batemwa ukufwaala..
Ask your friend what /his/her mother likes wearing.

      Icilangililo: A: Bbanoko baaemwa ukufwaala finshi?
                       B: Bamayo batemwa ukufwaala amasiketi na mabulausi.

IFYAKUCITA 10/ACTIVITY 10

Look at the picture below. Describe carefully what they are wearing.

> **Culture**
>
> In the past before the advent of modernism, Bemba people wore *ifilundu* (cloth made from tree bark) and sometimes animal hides from animals such as cows and goats. However, with modernity, this tradition has died.
>
> Currently, there is no specific kind of dress that identifies Bemba people just as the case is for other ethnic groups. Modern day Zambians dress in typical Western style, for example, when going for work and when attending important occasions such as weddings, graduation ceremonies, etc. At such functions, formal dress is expected of every participant.
>
> The only dress code that one would say defines a Bemba woman, just like other ethnic groups, is the chitenge wrapper. This is used in informal situations and at funerals as this is considered to be decent dress code for women. A man is not expedted to be in shorts but a pair of trousers. In addition, decency in dress among the Bemba speakers involves wearing clothes that cover most parts of the body especially thighs and the waist of a woman or man. Therefore mini-skirts/shorts and pairs of trousers (for women) are considered an embarrassment to the community.
>
> Casual clothes such as jeans, t-shirts are also common in the present time especially in urban areas.

IFYAKUCITA 11/ACTIVITY 11

Londolola - *Explain*

1. How would you describe traditional dressing in your own culture?
2. What are the expectations on the clothing of married women?
3. What are the existing restrictions on clothing?

Ilyashi/dialogue

Rose alefwaya ukuya kubwinga. Alalondolweela bashimakwebo/bashimatuka ifyakufwaala alefwaya ukushita.

Rose is going for a wedding. She explains to the shopkeeper the clothes she wants to buy.

	Rose:	Mwaboombeni?
	Shimakwebo:	Eya mukwai, mwaboombeni?
	Rose:	Eya mukwai.
wedding	Rose:	Ndefwaya ifyakufwaala fya**pabwinga**.
what and what?	Shimakwebo:	Mulefwaya **fiisa na fiisa**.
cream	Rose:	Ndefwaya ilaya ilya**kilimu**.
try/which one?	Shimakwebo:	Natukwata, **mulefwaya ukweshamo lisa?**
	Rose:	Ndefwaya ililine.
	Shimakwebo:	Bushe mulefwaya akasoote aka?
again	Rose:	Awe, nshilefwaya akasoote kakilimu **nako**.
shoes	Shimakwebo:	Ngeensapato?
black	Rose:	Mpeni insapato ishabulaki.
here is..	Mutengesi:	**Ishi** insapato.
all	Rose:	Cisuma. **Fyonse** nishinga?
	Shimakwebo:	K 1 200,000
give me/ only	Rose:	Fili noomutengo. **Mpeni** ilaya nakasoote **epela**.
	Mutengesi:	cisuma, mpeni K 600 000.
	Rose:	Shaleenipo mukwai.

IFYAKUCITA 12/ACTIVITY 12

Asuka aya amepusho ali pesamba:

1. Rose alefwaya ukushita finshi na finshi?
2. Alefwaya ukufwaala ilaya kwiisa?
3. Alefwaya ukushita ilaya ilyashaani?
4. Bushe Rose alefwaya akasoote?
5. Bushe Rose alishita insapato?
6. Nga ilaya neeshati nishinga?

Ukupitulukamo - *Review*

These review exercises are based on the material covered in Lessons 6, 7, 8 and 9. Attempt all the given exercises.

IFYAKUCITA 01/ACTIVITY 01
Londololwela kalasi yobe aba abantu abali pesamba:
  Bawiso
  Banoko
  Umunobe
  Banokofyala
  Bawisokulu
  Bamunyina obe

IFYAKUCITA 02/ACTVITY 02
Give the plural forms for:
  Umulumeendo umutali
  Umwaana umwipi
  Umukashana uwakashika
  Umuuntu uwafita

IFYAKUCITA 03/ACTIVITY 03
Iwe wapalana na baani? Londolola.

IFYAKUCITA 04/ACTIVITY 04
Say you do not have the following:
  Umutwe ubukali
  ulupiya
  incito
  icilaka
  icifukushi
  insala

IFYAKUCITA 05/ACTIVITY 05
Describe your friend to your class.

IFYAKUCITA 06/ACTIVTY 06
  Express the following in the negative:
  Nkaya ku Victoria Falls neendeke.
  Bamayo balaipika ubwali.
  Umukashana akaya kusukulu na basi.
  Mfungo aleya namakasa ilelo.
  Walabwelela ku yunivesiti.

Amashiwi / Vocabulary

ciisa	*which*
ibulaushi	*blouse/s*
bulu	*blue*
-kashika	*red*
-neka	*alone*
-buta	*white*
-fita	*black*
ukumfwikisha/ukwishibisha	*understand, know (with emphasis)*
nishinga	*how much*
Indeleshi/ilaya	*a dress*
amagulovu	*glove/s*
ubwinga	*wedding*
bulauni	*brown*
akaputuula/shoti	*short trousers*
gilini	*green*
gile	*gray*
akasoote	*a hat*
ikoti	*coat*
pantu	*because / due to*
amaluuba	*flowers*
umushipi/beuti	*belt*
akatambala	*type of a veil*
ifyakufwala	*clothes*
ifyakufwaala kubwinga	*wedding clothes*
yelo	*yellow*
lingi	*ringi*
-ukupoka/ukupokelela	*receive*
amalangi/kaala	*color*
ishati/sheti	*shirt*
akafungamabeele	*bra*
itoloshi	*long trousers*
suti	*suit*
sweta	*sweater, jersey*
sweta	*jersey*
tisheti	*t-shirt/s*
-fwaala	*wear/put on clothes*
Icibansa candeke/eyapoti	*airport*
Insapato	*shoes*
fiisa	*which ones?*

Isambililo lya Ikumi
Lesson 10

IMILANDU/IFYOTWALASAMBILILA /WHAT WE WILL LEARN

Topic: Shopping in shops/stores and in open and other markets
Function / Aim: Bargaining
Grammar: li-/ma- Noun Class; Demonstratives; Imperatives and Subjunctives
Cultural Information: Markets, Buying and Bargaining

Ukulondolola/*Explanation*

Mwape goes to the market on Saturday.

market	Ileelo nalaya ku **maliketi**.
market/ of	Ndeya ku **Chisokone maliketi**. Ndeya na baasi.
different things	Ndefwaya ukushitako ifintu **ifyapusana-pusana**.
two/ chickens	Ndefwaya ukushitako **inkoko shibili**.
	Nalitemwa ukushita inkoko ku Chisokone.
each time	**Lyonse** nshita inkoko kuli iyi maliketi.
good	Kumaliketi iyi kwaliba imitengo **iyanaka**.
	Efyo natemenwa ukushita inkoko ku Chisokone.
it costs	Ku Chisokone inkoko imo ni K 10, 000.
vegetables/ fruits	Ndashitilapo noo**musalu neefinsabwansabwa**.
found/ good	**Nalisanga** ukuti iyi maliketi yalikwata imitengo **iyanaka**
many things/ lower/ price	**Ifintu ifingi** fishitikwafye **pamutengo unoono**.

IFYAKUCITA 1/ACTIVITY 1

Asuka aya amepusho pesamba:

1. Mwape aleeya nenshi ku Chisokone?
2. Alefwaya ukushita finshi?
3. Mwape alashita inkoko shinga? *how many?*
4. Finshi **fimbi** efyo alashita? *other*
5. Nishinga bashitisha inkoko ku Chisokone?

Amashiwi amakwebo / *Shopping vocabulary*

shinga?	*what price?*
kilo	*a kilo(gram)*
icintu ici	*this thing*
-lipila	*pay*
-shita	*buy*
-cipa	*be cheap*
nishinga?	*How many kwacha/ how much?*
nishinga muleshitisha?	*how much are you selling for?*
-shitisha	*sell*
shuga	*sugar*
ubwalwa	*beer*
sopo	*soap*

Culture

At the local markets almost everything is sold. Some of the things that are sold include: food, vegetables, clothes and furniture. Bargaining is a common practice at these markets. You often hear people saying **mbwesesheniko umutengo** *Lower the price for me*; **citeniko bwino** *Be fair* among others. Mbasela is also a common word used at such markets. This is a term that is used to ask for an extra item when one has bought more.

In towns and cities, there are shops and big supermarkets within walking distances in which you can easily get your basic groceries. There are also open vegetable markets almost everywhere and a lot more by the shops or just outside the shops as well.

In Lusaka there is a big open market called *Soweto maliketi* 'Soweto market'; in Ndola there is ***Main Masala maliketi*** while in Kitwe there is ***Chisokone maliketi*** where most farmers sell their produce. Individuals also sell at these markets. These markets are all located very near the town center. It is also at this market where people catch long distance buses to their rural homes. As such, a market like this is a hive of activity with people from all walks of life buying goods. Apart from fruits and vegetables, one will also find clothes, books and a variety of things on sale.

There are also big shopping malls in some low density residential areas. In these areas one will find shops for almost everything ranging from clothes, furniture, food.Moreover, there are also small shops or stands in the residences. People call these **utuntemba** *small shops* where the shop is attached to the house or it is within the yard of the house. However, other **tuntembas** are found just along the roads and streets.

Ilyashi/*Dialogue*

Bwalya ali pa maliketi. Alefwaya ukushita umusalu, tomato na amaolenj/amachungwa. Alelanda na bana Chisanga.
Bwalya is at the market. She wants to buy vegetables, tomatoes and oranges. She is talking to Mrs. Chisanga.

	Bwalya:	Mwaboombeni mayo.
my child	Bana Chisanga:	Eya mukwai **mwanawandi.** Waboomba shaani?
	Bwalya:	Nabombafye bwino.
	Bana Chisanga:	Ulefwaya inshi Bwalya?
	Bwalya:	Ninshi mukwete?.
many things	Bana Chisanga:	Ninkwata **ifintu ifingi.**
vegetables/how much?	Bwlaya:	**Umusalu nishinga?**
per bundle	Bana Chisanga:	Umusalu ni K500 **icikako.**
banana	Bwalya:	Nga **ikonde**?
one/I have nice oranges	Bana Chisanga:	Inkonde ni K 500 **imo, ninkwata na amaolenji ayasuma.**
	Bwalya:	Cisuma. Nishnga amaolenji/amacungwa?
	Bana Chisanga:	Ni K1000.
give me	Bwalya:	**Mpeniko** umusalu, amaolenji/amacungwa yane na tomato. Shinga?
	Bana Chisanga:	KI400.
	Bwalya:	Iyi K 10000
your change	Bana Chisanga:	**Cenji yobe** iyi K 4500.
	Bwalya:	Natotela saana.
	Bana Chisanga:	Cisuma mwanawandi.

IFYAKUCITA 2/ACTIVITY 2

Asuka aya amepusho pesamba: *Answer the following questions:*

1. Bwalya alefwaya nshi kumaliketi?
2. Bana Chisanga baleshitisha finshi?
3. Bwalya alefwaya amaolenji/amacungwa yanga?
4. Ngoomusalu nishinga icikako cimo?
5. Nishinga cenji yakwa Bwalya?

IFYAKUCITA 3/ACTIVITY 3

Babili babili / *In pairs:*

Exchanging roles use the dialogue above to perform a role play with your friends in class.

Important phrases for buying/selling/bargaining when buying things:

Shinga?	*How much is it?*
Nacinina umutengo/nacikosa umutengo!	*Too expensive!*
Bwesheniko panono	*Reduce a little*
Bikenipo	*Add a little more*
Nafinaka umutengo/Naficipa!	*Very cheap price!*
Iyee mayo!	*Oh my Mother!*
Ceenji!	*Change*
Tuleshitisha	*We are selling*
Iyi ceenji yenu	*Here is your change*

IFYAKUCITA 4/ACTIVITY 4

In pairs, play the roles of buyers and sellers acting different scenes by using the vocabulary that you know so far.

Gilama / Grammar

You will have noticed that words such as **olenji** have plurals that begin with **ma-**. These are referred to as nouns that belong to the **li-ma**. We talked about these nouns in **Isambililo lya busaano**. The following are some other similar words that you already know:

ishina	**amashina**	*name/s*
itoloshi	**amatoloshi**	*trouser/s*
ilini	**amani**	*egg/s*

The **demonstratives** for these nouns are **ili** in singular form and **aya** in plural form.

Similarly, the **possessives** will also take the **l-** in singular form and the **ya- prefix** in the plural form:

- Ishina **l**yandi   *my name*
- Amashina **ya**ndi   *my names*

Imperatives

Imperatives in Bemba are expressed in two ways: the direct, simple imperative and the honorofic imperative.

1. **With Monosyllabic Verbs**

Whenever an imperative is made with a monosyllabic verb, the tone rises in a word as follows:

lya	*eat! (to one person)*
lyeeni	*eat! (to more than one person, honorific)*
nwa	*drink! (to more than one person, honorific)*
pa	*give! (to one person)*
peeni	*give, you all! (to more than one person, honorific)*

2. **With Multi-syllabic Verbs**

The imperative that is made with verbs that have more than one syllable takes the verb stem in singular form and adds a plural suffix by replacing the final **–a** with **-ni**. Study the following examples:

lala!	*Sleep!*
laleeni!	*You all sleep!*
enda!	*Walk!*
endeni!	*You all walk!*
imba!	*Sing!*
imbeeni!	*You all sing!*
akuya!	*Go!*
Akuyeni!	*You all go!*

NEGATIVE COMMANDS – EXPRESSING 'DO NOT…'

Singular: **wi**+ verb (**e**)
Plural/Honorific **mwi**+ verb (**e**)

lala!	wi lala	*Do not sleep!*
laleni!	mwi lala	*You all do not sleep!*
enda!	wi enda	*Do not walk!*
endeni!	mwi enda	*You all do not walk!*
Imba!	wi imba	*Do not sing!*
Imbeni!	mwi imba	*You all do not sing!*
akuya!	wi ya	*Do not go!*
akuyeni!	mwi ya	*You all do not go!*

IFYAKUCITA 5/ACTIVITY 5

Landa ifyo ulemona pacikope ici. Ninshi aba abaantu balecita?
Say what you are seeing in this picture. What is this person doing?

IFYAKUCITA 6/ACTIVITY 6
Using the commands you have just learned, and from the verbs you already know, command your classmate(s) to perform various actions e.g. eat, drink, walk, run, sit, etc.

Subjunctives
In Bemba, subjunctives are used to express a wish or to ask for something. The positive form of the subjunctive is marked by a verb stem ending in **-a.** The negative form has the infix **-sha-.**

The subjunctive in Bemba is used in various ways.

1. **In commands**

When more than one verb is used, the first is imperative, the second is subjunctive. Let us look at the following examples:

Imperative	Subjunctive		
SINGULAR		PLURAL	
angala	Mona	Angaleeni	moneeni
senda	Weende	Sendeeni	mweende
ikala	Ulye	Ikaleeni	mulye
fika	Umone	Fikeeni	mumone

2. **To make a suggestion.**

Tuleeya?	*Shall we go?*
Nyingile?	*Should I enter?*
Nsende impiya?	*Should I take the money?*

3. **Let me...../Let us....**

The word **leka** is often used with subjunctives. The following are examples:

Leka ndeya	*Let me go.*
Leka alye.	*Let him/her eat.*
Lekeeni baleeya.	*Let them go.*
Lekeeni bengile.	*Let them enter.*

Negative Subjunctives

The negative form of the subjunctive is marked by **-sha-** with the person pronoun. However, when referring to a third person the prefix **ta-** is used.

Bushe tatwaye?	*Shall we not go?*
Bushe nshaingile?	*Should I not enter?*
Bushe nshasende ulupiya?	*Should I not take the money?*

The Subjunctive and pakuti

The subjunctive in Bemba is also used in subordinate clause, introduced by the **pakuti** *that*. In this case, **kuti** means *so that, in order that*.

Isula iciibi pakuti tufume.	*Open the door so that we may go out.*
Bamayo bacipika pakuti tulye.	*Mother cooked so that we may eat.*
Ulebeleenga pakuti ukapase.	*Study so that you may pass.*

Negative

fall	Isala iciibi pakuti **twifuma.**	*Close the door so that we do not get out.*
hide	Senda umwana pakuti **epona.**	*Take the child so that s/he does not fall.*
	Fisa pakuti emona.	*Hide so that s/he does not see.*

IFYAKUCITA 7/ACTIVITY 7

Elenganya ukuti ulashitisha ifyakufwala mushitolo. Ipusha uuleshita ifyo alefwaya ukushita. Umwipushe na saishi alefwaya?

Imagine that you sell clothes in a clothing store. Ask the customer what they would want to buy. Also ask what sizes they are looking for.

IFYAKUCITA 8/ACTIVITY 8

Tell your classmates about the big market; where it is situated, what it sells, what service is like and what time of the day it is usually open.

Amashiwi / Vocabulary

natasha/natotela	*thank you*
shinga?	*how much? what is the price?*
ukuluma umutengo!	*to be very expensive!*
ukucipa	*to be cheap*
olenjii/amacungwa	*orange*
ibotolo	*a bottle*
mango/yembe	*mango*
-temwa	*be happy*
ikalasi	*a glass*
salula	*fry*
imbalala	*peanuts*
mupeepi	*near*
kaloti	*carrot/s*
supuuni	*a spoon*
kapu	*a cup*
kilo	*kilogram*
umwele/naifi	*a knife*
icintu	*a thing*
anyense	*onion/s*
impanga	*sheep*
inkoko	*chicken*
indimu	*lemon*
-lipila	*pay*
Saladi/amafuta yakwipikila	*cooking oil*
cileemba	*beans*
amataba	*corn/maize*
ifisabo	*fruit(s)*
ifyapusana- pusana	*various*
umusalu	*vegetable(s)*
imbushi	*goat*
umupunga/laishi	*rice (uncooked)*
sipinaci	*spinach*
umuto/supu/	*sauce/gravy*
umwanda	*a hundred*
imyaka	*years*
umukate	*bread/loaves of bread*
tomato	*tomato*
matimati	*tomatoes*
umwana wandi	*my child*
icinanasi	*pineapple*
naani?	*who?*

inkonde	*banana/s*
-nga	*how many*
ing'ombe	*cow, cattle*
inkumba	*pig*
bonse	*you (all)*
-shita	*buy*
inama yampanga	*mutton*
inama yakoca	*roast meat*
inama yankoko	*chicken*
inama yambushi	*goat meat*
inama yang'ombe	*beef*
inama yankumba	*pork*
inama	*meat*
lundapo tunoono	*add a bit more*
popo	*paw paw / papaya*
kotapela	*avocado*
-pika	*cook*
impilipili	*pepper*
-bwesheko umutengo	*lower the price*
imbale/puleti/	*a plate*
isaabi	*fish*
bata/ majalini	*butter/margarine*
ifwe	*we/us*
deti/ubushiku	*date (on a calendar)*
icisabo	*fruit*
ubwali	*stiff porridge*
foloko	*a fork*
-shitisha	*sell*
ifilashi/amapoteto	*potatoes*
ifintu	*things*
iliini / amaani	*egg/s*
ubupe	*a present / presents*

Isambililo lya Ikumu Na Cimo
Lesson 11

IMILANDU/IFYOTWALASAMBILILA /WHAT WE WILL LEARN

Topic: Different Foods and More on Shopping
Function / Aim: Talking About Food, Expressing Hunger, Thirst, Satiation, etc.
Grammar: **ci-fi** group of nouns
Culture: Ubwali (nsima) among the Bemba

Kasuba talks about the different foods she eats every day.

porridge/peaunt butter/every	Kumwesu tulalya umusunga uwambalala **Lyonse** uluceelo pa 6 bamayo balakumba umusunga.
tea/bread	Insita shimo tulanwa **tii** no**omukate.** Shimo
cereal	inshita ndalya **silyo** noomukaka. Akasuba ndalya ubwali bwamusalu. Umusalu naatemwa saana ni
sweet potato leaves	**kalembula.**
a variety of vegetables	Kwaliba **umusalu uwapusana**- pusana leelo ine mfwaya
peanut butter/ it tastes good	kalembula. Limo ndalya ubwali neecimpondwa. Ala filawama**.**
	Icungulo tulya ubwali. Tulalya ubwali neenama yang'ombe. Limo nalyo tulalya inkoko na ngu inama yambushi. Ine natemwapo ubwali neesaabi.
make/ salad/ cabbage	Bamayo **balapanga amasaladi ya kabeki namakaloti.**
roast meat	Nalitemwa ukulya ubwali ne **nama iyakooca.**

IFYAKUCITA 1/ACTIVITY 1

Asuka amepusho aya pesamba:

1. Niinshi bamayo bepika uluceelo lyonse?
2. Kasuba alya umusunga nenshi??
3. Shimo inshita ninshi Kasuba alya uluceelo?
4. Alya cinshi akasuba?
5. Eena atemwa umusalu nshi?.
6. Icungulo Kasuba alaalya ubwali nangu finshi?

Ifintu fyakushita nookwiipika - *Things to Buy and Cook*

Inama   *meat(s)*

Except for fish, **isaabi,** all the words for different types of meat in Bemba are derived from the name of the animal where the meat comes from. Thus, for example, since chicken is **inkoko** in Bemba, its meat is **inama yankoko**, which literally means *the meat of chicken*. Look at the following examples:

The living animal	**The meat**	
impanga	inama yampanga	*mutton*
inkoko	inama yankoko	*chicken*
ibushi	inama yambushi	*goat*
ing'ombe	inama yang'ombe	*beef*
inkumba	inama yankumba	*pork*
isaabi	isaabi	*fish*

Note: In context one can just say a part of the whole phrase for example **imbushi, inkoko** to refer to meat instead of the whole phrase **'inama yambushi'** and **inama yankoko.**

IFYAKUCITA 2/ACTIVITY 2

Ipusha umunobe ifyo alya uluceelo, akasuba neecungulo. *Ask your friend what s/he eats in the morning, afternoon and evening.*

Umusalu, ifisabo neefilyo fimbi- *Vegetables, Fruits, and other Foodstuffs*

umusalu	*vegetable(s)*
ifisabo	*fruit(s)*
olenjii/amacungwa	*orange*
mango	*mango*
aapo	*apple*
inkonde	*banana*
ipinci	*peach*
amagilepu	*grape*
ipeela/ikwafa	*guava*
imbalala	*peanuts*
kaloti	*carrot/s*
cilemba	*beans*
amataba	*corn/maize*
laishi/umupunga	*rice (uncooked)*
sipinaci	*spinach*
umukate/buleti	*bread*
mpunga	*rice on the field*
icinanasi	*pineapple*
inama	*meat*
tomato/matimati	*tomato/es*
popo	*pawpaw/papaya*
impilipili	*pepper*
isabi/fishi	*fish*
majalini/bata	*butter/margarine*
otameloni	*water melon*
ubwali	*stiff porridge*
amapoteto/ifyumbu	*potatoes*
iliini / amaani	*egg/s*
anyense/onyoni	*onion/s*
indimu/ilemoni	*lemon*

Bemba Traditional Food

The following are some of the Bemba traditional foods.

ubwali	*thick porridge made using maize meal*
ifyumbu	*sweet potatoes*
imyungu	*a kind of pumpkin*
ifiboboli	*boiled dry maize*
ifipushi	*pumpkins*
kacesha/musalu wakwanika/wauma	*sun dried vegetables*
inama yakwanika/yauma	*dried meat*
cibwabwa	*pumpkin leaves*
insemwa	*boiled sweet potatoes then dried*
icitubika	*boiled beans then crushed*
ifisaashi	*mixture of relish with pounded groundnuts*

Amashiwi aya pakwipika - *Some Cooking/Cookery Terms*

- bila	*boil*
- salula	*fry*
- pika	*cook*
Saladi/amafuta yakwipikila	*cooking oil*
umuto (supu)	*sauce/gravy*
inama yakoca	*roast meat*
-pala	*peel*
-kumba	*stir*
-putula	*cut*

Cutlery etc.

ikalasi	*a glass*
kapu	*cup*
impoto	*pot*
supuuni	*spoon*
foloko	*fork*
umweele/naifi	*knife*
imbale/insani/	*plate*

IFYAKUCITA 3/ACTIVTY 3
Landa pali ifi fili pesamba - *Talk about the following::*

1. What do you know about meals in other countries?
2. Talk about what people in your country eat and when they eat it.
3. Tell your classmates about meals in your country.

IFYAKUCITA 4/ACTIVITY 4

Shimikila umunobe ifyo watemwa ifyakulya ifyapusana-pusana. Bomfya amashiwi ayo pesamba pakulondolola. *Tell your partner how much you like different foods. Use the following words to describe the food.*

saana	*a lot*
panoono	*a little bit*
tesana	*not much*

Icilangililo: Nalitemwa amayeu **saana.**

Itaba/*maize* (**amayeu yapangwa ukufuma kubunga bwa mataba**)
(*traditional drink is made from maize meal*)

Culture

Ubwali also called *nsima* is the staple food in Zambia. It is a thick porridge prepared out of maize meal. Ubwali is served with relish which includes fish, chicken, kapenta, and vegetables, among others. Most people eat ubwali as their main meals at lunch andsupper.

IFYAKUCITA 5/ACTIVITY 5

Marvis,umufyala obe, alefwaya ukwita uluupwa lobe ukuti mukalye nankwe lunch pawikendi/pamulungu. Mwebe ifyo balupwa obe balya.
Mavis, your cousin, wants to invite you and your family for lunch during the weekend. Tell her what each family member likes to eat.

Icilangililo: Mutale: laisi /inama yankoko
Mutale atemwa inama neenkoko.
1. Bamayo/laisi, inama yang'ombe/umusalu
2. Batata/ubwali/inama yakoca/umusalu
3. Bwalya/laishi/inkoko/amasaladi
4. Kafula/amapoteto/ inkoko
5. Bamama/ubwali/inama yang'ombe
6. Chanda/inama yakoca

IFYAKUCITA 6/ACTIVITY 6

Uku oda ifyakulya/*Ordering food*
Saala ifyakulya uleefwaya pamenyu webe na kapekanya (weta). Leka umunobe acite kwati e kapekanya (weta). *Choose the food that you want from the menu and tell the waiter about it. Let your colleague play the role of the waiter.*

Gilama / Grammar

Group of nouns that carry ci-, ca-/fi- prefixes
Nouns in this group will begin with either **ci-** in singular form and **fi-** in plural form. By now, the following words should be familiar to you:

i**ca**kulya	i**fy**akulya
i**ci**muti	i**fi**muti
i**ci**tofu	i**fi**tofu
i**ci**ntu	i**fi**ntu
i**ci**pepala	i**fi**pepala

Note: It should be noted that the structure of nouns in Bemba is **Augment+ Prefix + Stem**. The augment is simply an item that preceeds or may preceede a class prefix. For example, in the list of words above the augment has preceded the prefixes which are in bold print. The augment is only a structural element but carries no meaning.

1. The **demonstratives** for these nouns are **ici** in the singular form and **ifi** in the plural form. The following are examples:

- Nalicitemwa **ici** icimuti.   *I like this tree.*
- Nalifitemwa **ifi** ifimuti   *I like these trees.*

2. Similarly, the **possessives** will also take the **ci_** in singular form and the **fi_** in plural form:
- icimuti **ce**esu   *our tree*
- ifimuti **fy**eesu   *our trees*

Note: In the two examples above, the combination of ci- and –esu has resulted into ceesu. This is what is called vowel assimilation. The vowel i- in ci- has been assimilated by the vowel e in esu thus ceesu instead of ciesu. Similarly, the the vowel i in fi- has undergone semivocalisation, a process that gives rise to a semi vowel. Thus i in fi- has glided with e in –esu producing a semi-vowel y and we have fyeesu instaed of fiesu.

3. The **adjectives** take the agreement **ci-** with the singular nouns in this group while they take the agreement **fi-** with the plural forms:

- icimuti i**ci**kuulu   *big tree*
- ifimuti i**fi**kuulu   *big trees*

Ilyashi/dialogue

Mulesitilanti/*In a restaurant*

Rose noomunakwe beele mukulya icakulya camucuungulo mulesitilanti iyabela muncende bekalilamo.
Rose and her friend have gone out for dinner at a local restaurant.

Rose na Maliya icuungulo.
Kapekanya (weta):	Cuungulo mukwai. Ikaleeni apa mukwai.	*waiter*
Rose:	Tulefwaya ukulya. Mukwete finshi?	
Kapekanya:	Tukwete laisii, impombo, ubwali, inama neenkoko.	
Maliya:	Bushe namukwata umusalu?	
Kapekanya:	emukwai	
Maliya:	Mpeeni ubwali bwanama nooomusalu.	
Rose;	Ine ndefwaya amacipusi nee nkoko.	
Kapekanya:	Cisuma mukwai, mulefwaya ukunwa finshi?	
Maliya:	Mpeeni ameenshi.	
Rose:	Ine ndefwaya *fanta*.	
Hweta:	Ici icakulya ceenu.	
Anna:	Natasha mukwai.	

IFYAKUCITA 7/ACTIVITY 7

1. Rose ayile kulesitilanti nani?
2. Maliya atemwa ukulya finshi?
3. Bushe Rose alitemwa umusalu?
4. Nani walile amacipusi?
5. Rose na Maliya banwine finshi?

Amashiwi/Grammar

umwele/naifi	*a knife*
umukate/buleti	*bread/loaves of bread*
icintu ici	*this thing*
supuuni	*a spoon*
-pekanya	*prepare*
anyense/onyioni	*onion/s*
inkoko	*chicken*
impanga	*a sheep*
ni shinga?	*what price/how much?*
kabeki	*cabbage*
kapu	*a cup*
kilo	*kilogramme/s*
tomato/matimati	*tomato/es*
mayeu	*thinned fermented maize porridge*
natasha/natotela	*thank you*
amapoteto	*potatoes*
imbushi	*goat*
ing'ombe	*cow, cattle*
umupunga	*rice on the field*
umukaka wasasa	*sour milk*
umusalu	*vegetable(s)*
waini/ndifai	*wine*
umwaana wandi	*my child*
icinanasi	*pineapple*
inkumba	*pig*
inama yakoca	*roast meat*
inama yankoko /inkoko	*chicken meat*
inama yampanga	*mutton*
inama yambushi	*goat meat*
inama yang'ombe	*beef*
inama yankumba	*pork*
inama	*meat*
amasaladi	*salad*
tiipoti	*a teapot/coffeepot*
lundapo tunoono	*add a bit more*
panoono	*a little bit*

Isambililo lya Ikumi Na Fibili
Lesson 12

IMILANDU/IFYOTWALASAMBILILA /WHAT WE WILL LEARN

Topic: Time
Function / Aim: How to tell time
Grammar: Phrases for telling time; Conjunctions
Cultural Information: Bemba way of telling time

Ukulondolola/ *Explanation*

Mwenya alelanda pafyo acita cilabushiku/*Mwenya talks about her day*

everyday/I wake up/around	**Cilabushiku mbuka kuma** 6. Bamayo bena babuka kuma 5.
I bathe	**Ndasamba** noo kufwala.
brush teeth/comb	**Ndasukusa mukanwa noo kusakula umushishi.** Bamayo baleepika umusunga. Ine ndya umusunga wambalala.
board	Cilya cafika kuma 7 **nanina** baasi.

arrive	Ku sukuulu **mfika** pa 7 :30.
start/ at	Twamba ukusambilila pa 7.45.
break/juice	Tukwata **buleki** pa 10. Ndalya umukate no kunwa jusii.
complete, finish/return	**Tukomboka** kusukulu pa 1 koloko akasuba. Elyo nabwelela kung'anda na baasi..
	Kung'anda mfika pa 1.30. Nalya, naya na mukwangala..
my	Kuma 3 ndabelenga ifitabo **fyandi**.
	Tulya ubwali ubushiku kuma 7. Natambako na tivi/umulabasa wafikope
	Panoono elyo nalala kuma 9 ubushiku.

IFYAKUCITA 1/ACTIVITY 1

Bushe cishinka nangu bufi? *Say whether the following are true or false:*

1. Mwenya alaya ku sukuulu.
2. Mwenya alaya ku sukuulu na motoka.
3. Cilabushiku banyina balapanga tii.
4. Mwenya afika ku sukuulu kuma 7.30.
5. Bakwata buleki pa 11.
6. Mwenya abwekela kung'anda pa makasa.
7. Abelenga ifitabo icungulo.
8. Mwenya tatamba tivi.

IFYAKUCITA 2/ACTIVITY 2

Asuka aya amepusho:

1. Mwenya abuka nshita nshi? Nga banyina babuka nshita nsh**i**? *what time?*
2. Finshi Mwenya alya cilabushiku?
3. Ninshita nshi aya ku sukulu?
4. Ninshi ela ku sukuulu?
5. Ninshi alya pa buleki?
6. Ninshita nshi Mwenya abeleenga ifitabo **fyakwe**? *his/her*
7. Ninshita nshi Mwenya alya ubwali?
8. Asendama nshita nshi?

Gilama/*Grammar*

Time telling

1. The following phrases are used in Bemba when asking for time.

Ninshita nshi?	*What time is it?*
Nde ipushako inshita?	*May I have the time?*

2. These questions are answered by using a particle ni- which is the equivalent of *It is...* in English. This particle ni- is added at the beginning of the time as in the examples below:

Ni10.00. koloko	*It is 10.00. o clock*
Nikota pasiti 4 .	*It is quarter past 4.*

3. Expressing 'at, around...' using **pa-** and **kuma.....** (muma)
The prefix **pa-** means 'at'. Let us look at the following examples:

Nalabuka pa 7 uluceelo .	*I will wake up at 7 in the morning.*
Nafikile pa 2 koloko akasuba.	*I arrived at 2 o clock in the afternoon.*

Kuma... means 'around'. Look at the following examples. **Muma** can also be used in palce of **kuma**

Nacifika kuma 3 koloko.	*I arrived around 3 o clock.*
Mwacifika kuma shaani?	*You arrived around what time?*
Twalaya kuma 4 koloko.	*We will go around 4 o clock.*

Requests for time

Requests for time in Bemba follow this pattern:

> **A:** **Banjafwilisheko mukwai**, ninshita nshi?   *Excuse me/help me please*
> **B:** Ni 3 koloko. *It 3 o clock*
> **A:** Natasha mukwai. *I thank you*

Sometimes, you could also hear the response:

Awe banjeleleko mukwai, nshikwete inkoloko. I am *sorry, I have no watch.*

Time Words

Insa/awa	*hour*
bamineti	*minutes*
basekondi	*seconds*
kotatu	*quarter to*
cilabushiku	*everyday*
cilanshita	*all the time*
ninshita nshi?	*what time is it?*
afu	*half*
inkoloko	*watch*

More Time References

Inshita/*Time References*

Deeti/ inshiku/*Date*

Ni pali ciinga ilelo?	*What day is it today?*
Leelo ni Palicibili	*Today is Tuesday.*
Mailo pakaba pali cinga?	*What day is it tomorrow?*
Mailo ni Palicitatu	*Tomorrow is Wednesday.*
Leelo ni pashani?	*What date is it today?*
Leelo ni pa 5 Febuluwali	*Today is the 5th of February.*
Mailo pali ni pali cinga?	*What was the day yesterday?*
ubushiku	*day*
mailo	*Yesterday*
umulungu/wiki	*week*
uno mulungu	*this week*
uyu umulungu uleisa	*next week*
uyu mulungu wapwa	*last week*

umweshi	*month*
uno mweshi	*this month*
umweshi uleisa	*next month*
umweshi wapwa	*last month*
umwaka	*year*
uno mwaka	*this year*
uyu mwaka uleisa	*next year*
umwaka wapwa	*last year*

IFYAKUCITA 3/ACTIVITY 3

Describe how you tell the time in your culture.

IFYAKUCITA 4/ACTIVITY 4

Using the different time expressions that you have learnt, descibe the Bemba way of telling time.

IFYAKUCITA 5/ACTIVITY 5

Express the following time in Bemba:

1. At 7.00.
2. Around 3.00.
3. At quarter past 1.
4. Around half past 2.
5. At quarter past 8.

IFYAKUCITA 6/ACTIVITY 6

Babili babili: Ipusha umunobe ifyoyaba inshita? Umone ifilangililo fipeelwe pamulu. Cinjanyeni ifyakucita.. *Ask your friend what time it is. Use the example given above. Exchange roles.*

IFYAKUCITA 7/ACTIVITY 7

Ninshita nshi? - *What is the time?*

Culture

Traditionally, time was based on the movement and position of the sun as opposed to the modern use of watches. For example, one knew that it was midday when the sun was directly above one's head. The position of the sun in the sky gave the correct time. This was complemented with the position of one's shadow in relation to the movement of the sun in the sky. This kind of time telling has proved to be accurate and corresponds to the modern time. For example, when the sun is directly above one's head that was called **akasuba pakati** *the sun in the middle* which corresponds to the noon. While this kind of time telling has survived mostly in rural areas, today most people use watches in order to tell the time. However, the concept of time as it is understood in the West is different.

Concept of Time

The perception of time among the Bemba is different from the western way. Traditionally, among the Bemba time is not specifically and accurately divided into minutes and seconds. The concept of time is broadly taken in terms of morning, afternoon, evening, and night. With days of a month there is observation of the lunar circle. When it comes to years, one has to observe the seasons as they come. Since time is viewed in broad terms one cannot specify exactly what time in the morning, but can only say very early in the morning or late morning. If it is very early in the morning, one merely says **luceelo-ceelo or kumacaca.** Therefore, the phrase *in the morning* standing alone is ambigous. This explains why most Bemba people who take this perception of time can either arrive very early or very late at meetings. When they are told to go in the morning they can choose to go early in the morning or late morning as long as they have attended in the morning. Most of the people in Zambia rarely observe time according to the watch. Perhaps, this is explained by the historical account on time given above.

IFYAKUCITA 8/ACTIVITY 8

Nshita nshi? *At what time?*

Landa inshita walamona aba abaantu.

Icilangililo : Rose/4.00
Nalamona Rose pa 4.00

1. Batata/5:00 evening
2. Bamayo fyala/Tuesday/night
3. Bakafundisha/3:00 afternoon
4. Umunandi /6:30 evening

5. Chileshe/ 10:00 afternoon
6. Mwila/8:00 night
7. Mubanga/Sunday 9:00/morning
8. Nkashi yandi /Saturday 10.15/evening
9. Kalumba/Saturday/night
10. Nsofwa/Monday/10.45/morning

IFYAKUCITA 9/ACTIVITY 9

Match a line in A with a line in B to make a question. Then find an answer in C

Amepusho Questions		*Ifyasuko* Answers
A	**B**	**C**
Ulya	Inshita nshi	kuma 7 uluceelo
Kafundisha afika	Inshita nshi cila bushiku?	pa 10 icungulo.
Aile	Balala nshita nshi?	na Chishimba.
Bupe abuka	Kuma shani	Laishi nee nama yang'ombe
Walaipika	Baleeya lisa?	Na baasi.
Abakashana baisa	finshi?	ubwali
Waisa	Nenshi/nafinshi?	kuma 6
Batata	nanani	mailo

Gilama / *Grammar*

Conjunctions

The following are some of the conjunctions in Bemba.

Leelo/bati	*but*
nangu	*if/ or*
na	*and*
pakuti	*because*
na	*and*
nangula	*even though*
kanshi	*therefore*

IFYAKUCITA 10/ACTIVITY 10

Pwishishisha aba basenteshi/aya mashiwi: *Complete the following sentences.*

1. Watemwa finshi, ubwali_____laishi?
2. Nalatamba icilimba_____nalabelenga neefitabo.
3. Batata_____bamayo balafika icungulo.
4. Ndefwaya ukushita ilaya_____inshikwete ulupiya.
5. Kabwe_____alitemwa ukwenda.
6. Twalitemwa ukulanda_____Afrika.

Ilyashi /*Dialogue*

what is the time	**Mwansa**:	Ninshita nshi?
	Chibwe:	Ni 10 koloko.
Oh my mother!/ late	**Mwansa**:	Iyee mayo, Na**celwa** kukalashi.
is that so?	**Chibwe**:	Mwa? Bushe ni kalashi ya Sayansi?
let us run/ bag	**Mwansa**:	Ee, **isa tubutuke.** Bula icola cobe!
	Chibwe:	**I**kalasi litampa nshita nshi?
	Mwansa:	Pa 10. Endesha!
	Chibwe;	Bushe ikalasii ya Sayansi ninsa shinga leelo?
	Mwansa:	ninsa shibili.
	Chibwe:	Cisuma.

IFYAKUCITA 11/ACTVITY 11

Asuka aya amepusho pesamba:

1. Chibwe na Mwansa baceelwa ukuya kwiisa?
2. Baleya kukusambilila finshi ku kalasi?
3. Ikalasi lyabo ninsa shinga?
4. Ikalasi lyobe ninsa shinga?
5. Uya ku kalasi lyobe nshita nshi?

Ukupitulukamo/*Review*

The following exercises are based on material that you have covered in the past three lessons, i.e. 10, 11, and 12.

IFYAKUCITA 01/ACTIVITY 01

Elenganya ukuti ubomba mushitolo umobashitisha ifyakufwala. Afwilisha kasitoma/kashita, mulange ifyakufwala ifyapusana- pusana alefwaya. Kabili umwipushe na saizi afwaala? *Imagine that you work in a clothing store. Assist the customer, showing him/her the different types of clothes s/he is looking for. Also ask the customer what size s/he wears.*

IFYAKUCITA 02/ACTIVITY 02

Uli mulesitilanti noomunobe, pokeeni menyu kuli kapekanya elyo muode ifyakulya ifyapusana pusana neefyakunwa.
You are in a restaurant with your friend. Ask the waiter for the menu and order different kinds of food and drink.

IFYAKUCITA 03/ACTIVITY 03

Esha ukuboomfya aya amashiwi ayamucinshi. Tuma umunobe ukucita ifintu fimo fimo. *Practice the polite commands and imperatives by commanding your colleague to do certain things.*

IFYAKUCITA 04/ACTIVITY 04

Ask your colleague five questions that begin with ***Ninshita nshi*** and let him/her answer them. Exchange roles.

IFYAKUCITA 05/ACTIVITY 05

Panga basentenshi abepi basaano. Bomfyapo amashiwi yasaano ayali pesamba pakupanga basentenshi:
Make short sentences using any 5 words from the following list:

Ulya nangu na-angu cingaba ifyo leelo kanshi pakuti

IFYAKUCITA 06/ACTIVITY 06

Eba abanobe ukuti walamona aba abantu panshita ishapusana-pusana. *Tell your friends you will see the following people at the specified times.*

Icilangililo: **Bupe/at 8.00/morning**
                  Nkamona Bupe pa 8.00 uluceelo.

1. Mutale/around 3.00/afternoon
2. Bamayo/around 7.00/evening/
3. Bakafundisha/at 10.00/uluceelo
4. Umunandi/5.00/icungulo
5. Mulenga/around 2.00/akasuba

Amashiwi / Vocabulary

ileelo/bati	*but*
-pika	*cook*
-samba	*bathe, take a shower*
Afu/pakati	*half*
ninshita nshi?	*what time is it?*
nangu	*or*
kota tu	*quarter to*
kota	*quarter*
nangula	*even though*
ukukumana na	*meet with*
-sukusa mukanwa	*brush teeth*
uluceelo	*morning*
icuungulo	*evening*
luceelo-ceelo	*early morning*
bamineti	*minutes*
loleela	*wait*
-buka	*wake up*
panuma	*afterwards*
na	*and*
pakuti	*because*
pafya	*about*
mwa?	*is that so?*
ilyashi/nyushi	*news*
banjeleleko mukwai /banjafwilisheko mukwai	*excuse me/us*
fywaala	*wear clothes*
-fika	*arrive, reach*
lolesha	*look*
ubushiku	*night (time)*
na	*and*
inkoloko	*watch*

Isambililo lya Ikumi Na Fitatu
Lesson 13

IMILANDU/IFYOTWALASAMBILILA /WHAT WE WILL LEARN

Topic: Professions
Function / Aim: Talking about different professions
Grammar: Abstract nouns; Asking about people's professions; expressing still...., Can I...
Culture: Professions

Ukulondolola/*Explanation*

Ba Lombe babomba ku cipatala caku Ndola. Bekala ku Kansenshi noo lupwa lwabo.

is a doctor	Ba Lombe **ni badokota/shing'anga** ku**cipatala** caku Ndola. Bekala ku Kansenshi noo lupwa lwabo.
about treating people	Ba Lombe basoma **ifyakundapa** abantu pa yunza (university of Zambia).
degree/in the year	Bapokele **dikili mumwaka** wa 1985.
treat	Ba**loondapa** abantu cila bushiku.

sick	Kucipatala kwaba abantu abalwala.
any/be given/prick	Ba Lombe balapela umuntu uuli **onse**, inshita shimo **balatunga inyeleti**.
learning	Umwana wabo nao alesambilila ifya budokota/shing'anga. Asambilila pa UNZA.
to help	Ba Lombe balitemwa ukwafwilisha abaantu. Balitemwa incito yabo saana.

IFYAKUCITA 1/ACTIVITY 1

Asuka aya amepusho pesamba:

1. Ba Lombe noo lupwa lwabo bekala kwiisa?
2. Baboomba kwiisa?
3. Ba Lombe basambilile kwiisa ifyakundapa abaantu?
4. Ngoomwana wabo asambilila kwisa?
5. Asambilila finshi?
6. Nilisa ba Lombe bapwishishe amasambililo?
7. Abaantu bapimwa finshi kucipatala?
8. Nga iwe bushe ulafwaya ukuba dokota/shing'anga? *to be/become (lit: to do)*

IFYAKUCITA 2/ACTIVITY 2

Bushe cishinka nangu bufi?

1. Ba Lombe babomba ku cipatala.
2. Balitemwa ukundapa abantu.
3. Bapwishishe amasambililo mumwaka wa 1995.
4. Umwana wabo alefwaya ukuba **famasisti**. *pharmacist*
5. Bekala ku Kawama no lupwa lwabo.
6. **Abakashi** babo ni **banashi**. *wife/nurse*

IFYAKUCITA 3/ACTVITY 3

Landa mu kalasi ifyo abafyashi bobe bacita. *Tell your class what your parents do.*

IFYAKUCITA 4/ACTIVITY 4

1. What type of work is most attractive to youngsters in your country?
2. What type of work do women do usually in your country?
3. What kinds of professions do men in your country prefer?
4. What type of work would men usually shy away from in your society?
5. What kind of work would women shy away from in your society?

Gilama / Grammar

Asking about people's professions

1. There are different ways of enquiring about people's professions in Bemba. The following are examples.

A:	**Ucita finshi pa yunivesiti?**	*What do you do at the university?*
B:	**Ndafunda.**	*I teach.*
	Nine kafundisha.	*I am a teacher/lecturer.*

2. One could also ask about a profession by way of the following question.

A: **Bushe nincito nshi abomba?**   *What type of job does s/he do?*

The response to this type of question will be as follows:

Ni dokotala/shing'anga.	*She/he is a doctor.*
Nshaishiba ifyo acita.	*I do not know what she/he does.*
Nshaishiba incito abomba.	*I do not know the type of job she/he is doing.*

3. Alternatively, if you want to confirm the type of job someone is doing, your question and the response could be:

A:	**Ba Lombe nibadokotala/shing'anga?**	*Is Mr. Chasara a doctor?*
B:	**Ee, nibadokotala/shing'anga.**	*Yes, he is a doctor.*
	or	
B:	**Awe, tebadokotala/shing'anga.**	*No, he is not a doctor*

IFYAKUCITA 5/ACTIVITY 5

Nincito nshi abomba?   *What kind of job does s/he do?*

Eba umunobe ifyo aba abaantu pesamba bacita.
Tell your friend what the following people do. Follow the given example.

| **Icilangililo:** | A: | Bupe/ndubulwila |
| | B. | Bupe ni ndubulwila |

1. Musonda/naasi/ Ndola Hospital
2. Chama/ndubulwila/**icilye ca milandu**   *court of law*
3. Umunandi/kapokola/Mansa   *police officer*
4. Bamayo/bakafundisha, ticha/kusukuulu

5. Bukata/famasisti/Namibia
6. Mwenya/akauntanti/ku Deloitte — *at Deloitte*
7. Kasuba/**namutekenya** — *driver*
8. Francis/injiniya
9. Chembe/shimakwebo — *shopkeeper*
10. Elisa/eyadilesa /kaluka wamushishi — *hairdresser*

IFYAKUCITA 6/ACTVITY 6

Bwelela kunuma kwilyashi lya ba Lombe pakutampa kwa ici cipande. Londolwela kalashi yobe pali ba Lombe neencito babomba.
Revisit the dialogue at the beginning of this chapter. Tell your class about Mr. Lombe and what type of work he does.

IFYAKUCITA 7/ACTIVITY 7

Iwe ufwaya ukucita finshi? Eba kalashi yobe uko wingafwaya ukubomba. Konka icilangililo cipelwe:
What do you want to do? Tell your class where you would want to work. Follow the given example:

A: Iwe ufwaya ukubomba kwiisa?
B: Ine mfwaya ukubomba **mubushilika**. — *army*
   Mfwaya ukuba **umushilika**. — *soldier*

IFYAKUCITA 8/ACTIVITY 8

Ipusha abanobe mukalashi ukubomba aba bantu abali pesamba. Bushe nincito nshi babomba? Konka icilangililo cipelwe:
Ask students in your class where the following people work. What type of work do they do? Follow the given example:

A: Batata babomba kwiisa?
B: Batata babomba kucipatala.

1. Bamayo
2. Batata
3. Bamayo-fyala
4. Nkashi yandi
5. Umunandi

Ilyashi/*Dialogue*

Bwembya akumanya bakafundisha ukufuma kupulaimali. Balalanda pancito yakwe. *Bwembya meets his teacher from primary school. They talk about his job.*

	Bwembya:	Mulishani ba Banda, mulifye bwino?
Oh, it is you!	Ticha:	**Aa, niwe kanshi!.** Ulishani.
Yes, it me	Bwembya:	**Ee, ninewine.** Ndifye bwino?
safari, journey	Ticha:	Nga wikala kwisa?
	Bwembya:	Njikala ku Miseshi na batata.
	Ticha:	Oo, bushe walipwisha dikili yobe?
	Bwembya:	Emukwai nalipwisha.
so	Ticha:	**So** ulebomba kwisa?
	Bwembya:	Ndebomba kubanki mutauni.
congratulations/It is what is required/life	Ticha:	**Cawama sana! Ifi efyo cifwile ukuba mubwikalo** bwamuntu.
you are still	Bwembya:	Bushe **mucili** pasukulu palya pene?
I am still	Ticha:	Ee, ncili pasukulu palya pene.
	Bwembya:	Cisuma, tukamonana limbi.

IFYAKUCITA 10/ACTVITY 10

Asuka aya amepusho pesamba:

1. Bwembya akumenye baani?
2. Baticha ni baani ishina?
3. Bwembya ekala kwiisa?
4. Bushe ekala eka?   *alone*
5. Bwembya asambilile finshi ku yunivesiti?
6. Abomba kwiisa?

Gilama / *Grammar*

Abstract Nouns

In the statements and dialogue given above, you have seen the word **ubwikalo**. This category is used to refer to abstract nouns for example, *wealth* **ubunonshi**. There are no plural forms. Nouns only occur in the singular form because they refer to abstract, non-countable things.

ubwikalo ubuloshi ubucuushi	*life* *witchcraft* *poverty*		

Expressing still...

Still ...

subject + **cilli** + infinitive form of the verb

Examples:

Ncili ndelya	*I am still eating.*
Bushe bacilli baleeya?	*Are they still going?*
Tucili pano	*We are still here.*

Expressing Can I ...

subject + ***nga*** + verb (ending **-e**) + ***wo***

Examples:

Bushe kuti naipushako?	*Can I ask?*
Bushe kuti nalandako naimwe?	*Can I speak with you?*
Bushe kuti naisa?	*Can we come?*
Bushe kuti alanda?	*Can he/she speak?*

IFYAKUCITA 11/ACTIVITY 11

Using the phrases given below, ask if you can do the following. Use the given example:

landa
Bushe kuti nalanda?

1.	ipusha	*ask*
2.	tuma	*phone*
3.	imba	*sing*
4.	beleenga	*read*
5.	fika	*arrive*
6.	seenda	*take*
7.	ingila	*enter*
8.	ikala	*sit*

IFYAKUCITA 12/ACTIVITY 12

Using the phrases given below, tell your friend that you are still doing the following. Use the given example:

ukulya / *eating*

Ncili ndelya *I am still eating*

1. ukubelenga
2. ukusamba
3. ukufwaala
4. ukuleemba   *to write*
5. ukweenda
6. ukuya
7. ukwipika
8. ukutuma   *to phone*

Note that cili ...is also used with locatives. Therefore:

Ncili kusukulu.	*I am still at school.*
Ncili kuncito.	*I am still at work.*
Bushe ucili kusukulu?	*Are you still at school?*
Bushe ucili kuncito?	*Are you still at work?*

CULTURE

Most places in Zambia are are rural and there are many people who live in these areas. However, there are some urbanised cities in Zambia, amongst these include: Lusaka, Livingstone, Ndola, Kitwe, Chingola and Kabwe.

Those living in rural areas have farming as their main occupation. Most of the rural population farm on a small scale as they use hands to provide food for their families and sell the surplus. There are also a few commercial farmers spread around in the periphery of the main urban cities Most of the urban population is employed by government in different departments or ministries. Othes are employed by the private sector such as in the mining sector, industrial and the financial sector.

There has been a surge of women taking up positions which were once male dominanted. This is line with government policy to increase the number of women participating in national development Non governmental organisations and the United Nations also employ a a considerable number of people in both the rural and urban areas.

The people who are not in any formal employment but work for themselves form the informal sector in the country. They offer different kinds of services and make various goods. Others start transborder trading. In extreme cases some people sell in the corridors. They are street vendors

Akauntabti / *an accountant*

Amashiwi / *Vocabulary*

akauntanti	*accountant*
ing'anda ya mulungu/ calici	*church*
icilye ca milandu	*court of law*
namutekenya/talaifa	*driver*
dokotala/shing'anga	*doctor*
Ndubulwila/loya	*lawyer*
kamfulumende/boma	*government ministry*
kapekanya/ weta	*waiter/waitress*
injiniya	*engineer*
kabasa wa mbao/	*carpenter*
kompyuta	*computer*
pakuti	*that*
bamotoka	*cars*
bakapokola	*policeman*
umushilika/umusoja	*soldier*
shimakwebo	*shopkeeper*
inengu	*spy, investigator*
kateka	*president*
intungulushi	*leader*
kanshi	*therefore*
nasi	*nurse*
icaalo	*country*
umupatili	*padre/priest*
pulofesa	*professor*
sayantishiti	*a scientist*
kafundisha/ticha	*teacher*
yunifomo	*uniform*

Isambililo Iyeekumi Na Fine
Lesson 14

IMILANDU/IFYOTWALASAMBILILA /WHAT WE WILL LEARN

Topic: Ceremonies and celebrations
Function: Talking about Zambian ceremonies and festivals
Grammar: Passive and Causative forms of the verb
Culture: What the Bemba people celebrate

Ukulondolola/*Explanation*

Batata baita banafyala. Balebeshibisha pabwinga bwamwana wabo Chisanga
Father calls his mother-inlaw to inform her about his son's wedding.

it is the father of	Batata:	Shani mayo. **Nine ShiChisanga**.
	Banafyala:	Oo, mulishani mukwai?
how are you?	Batata:	Ndifye bwino? **Twalubila imwe?**
children	Banafyala:	Tulifye. Abaana balishaani?
your	Batata:	Balifye, nga bana **beenu** balishaani?

invite/wedding	Banafyala:	Balifye bwino..
	Batata:	Ndemita kubwinga bwakwa Chisanga..
	Banafyala:	Cisuma, ni lisa Chisanga aleupa?
	Batata;	Uyu mweshi uleisa.
where will it be held?	Banafyala:	Ubwinga **bukabela kwisa?**
it will be held	Batata:	Ubwinga **bukabela** ku Lusaka.
celebations	Banafyala:	So kuli **ukusefya?**
	Batata:	Emukwai mayo.
I am happy	Banafayla:	Natotela kabili **natemwa** sana.

IFYAKUCITA 1/ACTIVITY 1

Asuka aya amepusho pesamba:

1. Batata ni bani baitile kubwinga?   *call someone*
2. Naani ali nookupa?   *to wed*
3. Banafyala bali kwiisa?
4. Ubwinga nilisa bukabako?
5. Ubwinga bukabela kwisa?
6. Bushe kukaba ukusefya?

IFYAKUCITA 2/ACTIVITY 2

Describe the different events celebrated in your culture.

Amashiwi ayalanga ifyakusefya

ubunonshi	*success*
ifitantiko	*program*
intambi	*tradition*
disiko	*disco*
icuuti/olide	*holiday*
-ita	*invite*
ubwinga	*wedding*
keemba	*musician*
myuziki/inyimbo	*music*
-pa	*give, offer*
paate/ukusefya	*party*
-sefya	*celebrate*
sipiici/amashiwi	*speech*
-fyalwa	*be born*

IFYAKUCITA 3/ACTIVITY 3

Lolesha papikica ili pesamba. Landa ifyo uletontokanya aba bantu balesefya?
Look at the following picture. Describe what you think these people are celebrating.

Culture

Marriage is a very important institution in the Bemba society. It is more than the union of two people but the union of two families. Therefore, the family members have a stake in the marrige of their relative. In some cases they can even reject the person that their relative is about to marry. The ritual that binds the two families is done by payment of insalamu *bride price*. The price is decided by the family of the bride. Among the Bemba, insalamu is not usually expensive as the two are considered to join each other's families.

The Bemba also celebrate the modern days such as Easter Holidays and Christmas as most of them are Christians. Moreover, weddings can either be celebrated in the traditional way or a modern way.

IFYAKUCITA 4/ACTIVITY 4

Londolola ifyo musefya ubwinga kumwenu. Bushe fya pusana shani noobwa ba Bemba.
Describe a wedding celebration in your culture. How is it different from the Bemba?

IFYAKUCITA 5/ACTIVITY 5

Look at the following photographs. Which ones remind you of your culture and which ones do not? Why?

Some Common congratulatory expressions.

Natasha!	*Thank you!*
Meli kilishimashi	*Merry Christmas*
Apinyuyee!	*Happy New Year!*
Epashili pakuleka!	*Congratulations!*
Wende umutende	*Good luck!*
Lesa apale	*God bless you*
Mwikale umutende ileelo	*Have a nice day!*
Mwikale umutende pawikendi!/pamuluungu	*Have a nice weekend!*

Common condolences expressions

Cabipa	*Sorry*
Mwachuleni/mwalosheeni	*Condolences*

Gilama/Grammar

Asking about ceremonies

There are different ways of asking questions with regard to ceremonies.

To ask about who is celebrating or giving a particular party say:

Nipaate yakwa naani?	*Whose party is it?*
Nipaate yakwa Alex.	*It is Alex's party.*
Bwinga bwa banani/baani?	*Whose wedding is it?*
Bwinga bwakwa Musonda.	*It is Musonda's wedding.*

Asking about marriage

Women

Ni naani aleupwa?	*Who is getting married?*
Ni Chansa aleupwa.	*Chansa is getting married.*

Men

Ni nani aleupa?	*Who is marrying?*
Ni Musonda aleupa.	*Thomas is marrying.*

You noticed that two different verbs are used when talking about marriage. This is because men are considered to perform the action of marrying on the women because they pay the bride price. Therefore the verb is in the affirmative, and since women 'get married', the verb is in the passive form. We will look at the passive verb in this chapter later on.

Locative

Remember to use the locative when stating that you are going to a place. Look at the following examples.

Ndeya **ku**paate.   *I am going to the party.*
Tuleya **ku**bwinga.   *We are going to the wedding.*

Asking about when?
Ubwinga bukabako lisa/liilali?   *When is the wedding?*
Ubwinga bukabako pa 15 Disemba.   *It is on the day of the 15th of December.*

Gilama / Grammar

Verb extensions are particular to Bantu languages in general; the extension expands the meaning of the verb. The verb extension occurs between the verb root and the final vowel of the verb.

Passives

1. The passive extension indicates that the action is performed on the subject.

2. In Bemba there are three forms that are used to express the passive extension. These are:
   - -w-
   - -iw-
   - -ekw-

3. Look at the following examples, some we have already encountered such as the following:

• upa	upwa	*be married*
• seenda	sendwa	*be taken*
• -lya	liwa	*be eaten*
• shitisha	shitishiwa	*be sold*
• -peela	peelwa	*be given*
• ita	itwa	*be invited*
• temwa	temwikwa	*beloved*

The following sentenc is an example of the passive sentence.
Maliya **aleupwa** kuli Mutale.

4. Note that all verb extensions are added to the verb in this way. Different verb extensions carry different meanings.

IFYAKUCITA 6/ACTIVITY 6

Complete the following table by giving the affimative form of the following:

Ipikwa	
Beleengwa	
Upwa	
Shitwa	
Liwa	
Nwiwa	

Causatives

1. This extension has the implication that an action is made or caused to occur.

2. Either –ish- or –esh- indicate the causative suffix/extension. The verb extension is -ish- when the final vowel of the verb root is **a**, **i**, or **u** and -es- when the final vowel of the verb root is **e** or **o**.

3. The following are examples of causative verb extensions

enda	endesha	*cause to go*
seka	sekesha	*cause to laugh*
butuka	butusha	*cause to run*
uma	umisha	*cause to be beaten*
ikata	ikatisha	*cause to be arrested*

IFYAKUCITA 7/ACTIVITY 7

Leemba akalyashi akepi akakumine pa bwite bwakubwinga. Ubelenge ifyo walalemba mukalashi.
Write a short dialogue about a wedding invitation, read it to your class.

Some Bemba Traditional celebrations

Ubwinga   *wedding*

Some Modern Celebrations and Public Days

Satade/Pacibelushi	*Saturday*
Sande/pamulungu	*Sunday*
Ubushiku bwacifyalilwa	*Birthday*
Kilishimashi/Krismas	*Christmas*
Umwaka upya/Nyuyee	*New Year*
Ipasaka	*Easter*
falentaini	*Valentine's Day*

IFYAKUCITA 8/ACTIVITY 8

Use the following verbs to make short sentences. Follow the given example:

akopwa
Maliya akopwa kuli Chishimba.   *Maliya will be married to Chishimba.*

1. itwa
2. liwa
3. endesha
4. butusha
5. upwa
6. temwikwa

Ilyashi/*Dialogue*

	Nsofwa:	Shaani Susan, uleya kwisa?
	Susan:	Ndeya kutauni wemunandi
	Nsofwa:	Oo, ulefwaya ukucita nshi kutauni?
gift	Susan:	Ndeya mukushita **icabupe**
buying for whom?	Nsofwa:	Ni banani/baani uleshitila?.
	Susan:	Kuli ubwinga. Bupe bwakwanabwiga.
	Nsofwa:	Niliisa bakwebele ifya bwinga?.
last month	Susan:	Banjebele **uyu umweshi wapwa**. Balinjita kubwinga.
	Nsofwa:	So ubu ubwinga buliko liisa?
in the month of	Susan:	**Mu** August.
	Rudo:	Cisumawemunandii, cawama sana.
	Susan:	Cisuma.

IFYAKUCITA 9/ACTIVTITY 9

Asuka aya amepusho pesamba.

1. Susana akumenye nani?
2. Susan aleya kutauni mukushita finshi?
3. Niliisa bamwitile?
4. Ubwinga bwaliko liisa?

IFYAKUCITA 10/ACTIVITY 10

Bushe mashiwi nshi mubomfya munshita ya ifi?
What words do you use on the following occasions?

1. Kilishimashi
2. Ubushiku bwacifyalilwa
3. Gilajuwesheni
4. Ipasaka
5. Wikendi/pamuulungu

Amashiwi/*Vocabulary*

ubushiku bwakufyalwa	*birthday*
ubunonshi	*success see also wealth*
pulogalamu/ubutantiko	*programe/timetable*
intambi	*tradition/culture*
digili	*university degree*
dishiko	*disco*
amasambililo	*education*
gilajuwesheni	*graduation*
Olide/ icuuti	*holiday*
Ipasaka	*Easter*
Melikilishimashi	*Merry Christmas*
Apinyuyee!	*Happy New Year!*
Wende umutende!	*good luck!*
Ukwate wikendi iyamutende	*have a nice weekend*
Wikale umutende ilelo	*have a nice day!*
-ita	*invite*
amalila	*celebration*
epashili pakuleka!	*congratulations!*
amaswiti	*sweets*
mwaiseeni!	*welcome*
natasha/natotela!	*thank you*
ubwinga	*wedding*
kemba	*musician*
myuziki/inyimbo	*music*
Lesa akupale	*God bless you*
Munjeleleko!	*I am sorry*
Mwaculeni/mwalosheeni	*condolences*
Nyuyee	*new year*
Ukusefya/paate	*party*
-sefya	*celebrate*
imfwa	*death*
falentaini	*Valentine's Day*
-fyalwa	*be born*

Isambililo lya Ikumi Na Fisaano
Lesson 15

IMILANDU/IFYOTWALASAMBILILA /WHAT WE WILL LEARN

Topic: Daily, Weekly and Monthly Routine
Function: Describing a typical day and a typical week
Grammar: ka~ tu- group of nouns, verbal nouns, ku-
Culture: Division of labor

Ukushimikila/*Narration*

Bana Bwalya bekala ku mushi. Balondolola incito ishobabomba cilabushiku.
Bwalya's mother lives in the rural areas. She describes her daily chores.

Ishina lyandi nine Mwansa nangu ati Bana Bwalya. Njikala ku Kasama.
Abaana bandi ni Bwalya na Nsofwa. Bwalya ali neemyaka cine konse konse. Alaya na kusukulu. Nsofwa ali neemyaka itatu. Ena taya kusukulu pantu mwaice saana. Abalume bandi babombela ku Mbala. Ishina lyabo ni ba Mwila. Leelo ine njikala na baana ku mushi.

when/ early morning/ to fetch water **Nganabuka uluceelo ndaya mukutapa ameenshi.**
I lit up a fire/ so that i put Ndakosha umulilo pakuti nkafye amenshi.

I sweep/outside	**Ndapyanga na panse**,
prepare	Panuma ya ifyo, nda**pekanya** icakulya cakwa Bwalya.
	Bwalya aya kusukuulu kuma 7.
garden	Nja kwibala kuma 7.
	Ndabomba ukufika kuma11.
firewood	Kuma 12 ndaya mukuteba **inkuni.**
	Elyo nakosha umulilo wakwipikapo ubwali noomusalu.
	Bwalya enuka kusukulu kuma 1.
bathe	Ndasamba nemwine elyo nasambika na Nsofwa.
at the river	Tulya ubwali kuma 2.
river/to do laundry	shimo inshita ndaya ku **kamana** akasuba **mukuwasha** ifyakufwala.
food…	Icungulo ndapekanya icakulya. Abaana bandi balitemwa ubwali bwankoko.
many	Twalikwata inkoko ishingi pang'anda.
to iron	Bwalya alangafwako ukupyanga mung'anda no**okucisa** ifyakufwala lyonse.
	Lyonsefye tulala kuma 9.
once in a while	Ndakwata incito ishingi pang'anda.

IFYAKUCITA 1/ACTIVITY 1

Asuka aya amepusho:

1. Bana Bwalya bekala kwiisa?
2. Bekala na baani?
3. Abana babo bali neemyaka inga?
4. Bushe Nsofwa alaya kusukulu?
5. Nga Bashi Bwalya babombela kwisa?
6. Ninshita nshi Bana Bwalya baya kwibala?
7. Bepika finshi akasuba?
8. Ngoobushiku balala nshita nshi?

IFYAKUCITA 2/ACTIVITY 2

Bushe cishinka nangu bufi?

1. Bana Bwalaya na Bashi Bwalya bekala pamo.
2. Bwalya taya kusukuulu.
3. Banyina baya kwibala lucelo celo.
4. Banyina bepika ubwali noomusalu akasuba.
5. Bana Bwalya balikwata ing'ombe ishingi.
6. Baya mukuwasha kukamana icungulo.
7. Nsofwa ali neemyaka itatu.
8. Balala kuma 10 inshiku shonse.

Culture

In traditional Bemba setting, work is determined by the sex of an individual. The gender roles of males and females also reflect in the division of labor.

Women's roles as mothers and wives are emphasized. This means that they are responsible for all the household chores such as preparing food, going to the fields and housework. Equally important, women are directly responsible for ensuring that the children are well taken care of since they are the ones who remain and monitor children when men are away. Women generally work very hard to raise the families and to take care of their households. A woman's chores are generally regarded as easy and feminine by men.

Men are responsible for protecting both the women and the children in society. They ensure that the environment is safe and clean and that there is enough food in the village. This means that their responsibilities are wider in scope and are generally considered to be difficult, hard, and risky. Some of the chores include clearing the bush before farming begins; building all constructions in the village. They build houses, bridges and other things that need to be built; they also go hunting. Young male children are usually responsible for herding cattle.

However, the above traditional gender roles are slowly phasing out. Nowadays men do help women in household chores and similarly women do some chores traditionally assigned to men. This is very common in the urban areas where both the wife and the husband are in formal employment.

IFYAKUCITA 3/ACTIVITY 3

Landa ificita Bana Bwalya cilabushiku mumashiwi yobe.
In your own words, tell your class about Bwalya's mother's daily routine.

IFYAKUCITA 4/ACTIVITY 4

Describe the division of labor in your own culture. How is it different from that of the Bemba people?

IFYAKUCITA 5/ACTIVITY 5

Ebako umunobe ifyo ucita cilabushiku.
Tell your friend about your daily routine.

IFYAKUCITA 6/ACTIVITY 6

Ipusha umunobe efyo acita Pacibelushi ukwambafye uluceelo.
Ask your friend what s/he does on a Saturday, beginning in the morning.

Gilama Grammar

Nouns that take ka-, tu- prefixes

Nouns of this category refer to diminutive/small beings and objects. The noun prefixes are **ka-** for the singular and **tu-, tw-** for the plural. In this category, **tu-** changes to **tw-** before vowel-initial stems. In the last lesson we encontered, **akalyashi** *small dialogue*. Further examples are provided below:

akalyashi	**utulyashi**	*little dialogue/s*
akakashana	**utukashana**	*little girl/s*
akalumendo	**utulumendo**	*little boy/s*
akamwana	**utubaana**	*little child/ren*

ku- Verbal Nouns

In Bemba, nouns can be formed by the infinitive **ku-**. Every verb in Bemba can be turned into a noun by having an infinitive **ku-** as its nominal prefix. These are referred to as **verbal nouns**. There are no plural forms. From the text given above you can notice the following words that belong to this group:

ukulya	*eating*
ukuya	*going*
ukwimba	*singing*
ukwenda	*walking*
ukubomba	*working*

Look out for more examples in the following text.

Dayali yabamayo - *Mother's Diary*

Janyuwali 2002		ifyakucita
Palicimo	1	Ukumona bana Chansa
Palicibili	2	Ukushita amagulosali
Palicitatu	3	Ukuya ku Ndola
Palicine	4	Ukupokelela Mwansa
Palicisaano	5	Ukuya ku saluuni
Pacibelushi	6	Ukutandalila umunandi
Pamulungu/Sondo	7	Ukuya ku calici

IFYAKUCITA 7/ACTIVITY 7

Mona dayali yabamayo. Asuka amepusho aya pesamba.

1.	**Bushiku nshi** bamayo balefwaya ukumona bana Chansa?	*what day?*
2.	Palicitatu bamayo bakaya kwiisa?	
3.	Niliisa bamayo bakaya ku calici?	
4.	Bushiku nshi bamayo **bakapokelela** Mwansa?	*receive*
5.	Niliisa bamayo bakashita **amagulosali**?	*groceries*
6.	Ninshi bakula**cita** bamayo Palicitatu?	*do*

IFYAKUCITA 8/ACTIVITY 8

Lembeni pamo noomunobe ibuula limo ilya dayali yenu ilelanga ifyomwakulacita umulungu onse. Mwebane ifyo mwakulacita umulungu onse. *With your friend, prepare one page from your diary showing your daily actvities for the entire week. Tell each other what you will do the whole week.*

Ilyashi/dialogue

Bana Bwalya bakumanya umwaice wabo Susan ku tauni.

	Bana Bwalya:	Susan, ulishani?
	Susan:	Ndifye bwino, mulishani na imwe.
you are not seen		Inshiku ishi tamulemoneka.
I have work	**Bana Bwalya:**	**Ndabomba nomba.**
	Susan	Mubomba kwisa?
I see (same as Wow!)	**Bana Bwalya:**	Naba mufilonganino ifingi.
with work		Ndaya ku South Africa
		na ku Botswana kuncito.
	Susan:	Oo, mukaya liisa?
	Bana Bwalya:	Nkaya pawikendi.
before		Leelo **apo** nshilaya
		ndefwaya ukupekanishisha abaana.
		Bakaya kusukulu Palicimo.
you have a lot of work indeed	Susan:	**Awe kwena namukwata incito iikalamba.**
I am just about to go	**Bana Bwalya:**	**Nalatampako** Susan, niliisa Ukeesa kung'anda?
	Susan:	Nkeesa Palicisaano uluceelo.
	Bana Bwalya:	Cisuma, tukamonana Palicisaano.

IFYAKUCITA 9/ACTIVITY 9

Asuka aya amepusho pesamba
1. Nikwisa bana Bwalya bakumenye Susan?
2. Susan ni naani?
3. Nikwisa bamayo bakaya kuncito?
4. Bakaya liisa?
5. Nga abaana bakaya liisa kusukuulu?
6. Susan akaya liisa kung'anda kuli bana Bwalya?

IFYAKUCITA 10/ACTIVITY 10

Eba umunobe ifyo banoko bacita cilabushiku.

Ukupitulukamo/*Review*

This review takes into account what you have learned for the past three lessons, i.e. Lessons 13-15. Attempt all exercises and consult with your tutor/professor whenever in doubt about any aspect.

IFYAKUCITA 01/ACTIVITY 01

Bacita nshi? Eba ikalasi lyobe ifyo aba baantu bali pesamba bacita. Konka ifilangililo ifipelwe muli ili sambililo./*What kind of job does he/she do?*
Tell your class what the following people do. Follow the examples given in the lesson.

1. Bamayo/ticha/ku Chifubu High School
2. Batata/injiniya
3. Umunandi/akauntanti
4. Bamayo fyala/naashi/Kitwe Central Hospital
5. Mwansa/ndubulwila
6. Peter/kapokola
7. Andrew/umushilika
8. Masafwa/namutekenya

IFYAKUCITA 02/ACTIVITY 02

Ipusha abanobe icito batemwa. Umone icilangililo icipelwe pesamba. *Ask your class which jobs they like. Look at the given example.*

Icilangililo: injiniya
- A: Ufwaya ukubomba incito nshi?
- B: Nfwaya ukuba injiniya

- umulimi
- namutekenya
- ticha
- nasi
- dokotala/shing'anga
- ndubulwila
- umushilika

IFYAKUCITA 03/ACTIVITY 03

Leemba aya amashiwi munshila imbi. *Write the following words in the passive.*

1. seenda
2. ita
3. shita
4. -lya
5. ipika

IFYAKUCITA 04/ACTIVITY 04

Bushe mashiwi nshi wingabomfya pali ishi inshita pesamba?
Which expressions would you use to congratulate someone on the following occasions?

- Kilishimashi
- Nyuyee
- Ubushiku bwakufyalwa
- Ipasaka
- Wikendi

IFYAKUCITA 05/ACTIVITY 05

Pekanya dayali yapamulungu. Uleembe fyonse ifyo ukacita. Ebako umunobe
Prepare your diary for the entire week. Write down everything that you are going to do. Tell your friend.

IFYAKUCITA 06/ACTIVITY 06

Dayali yakwa Lombe

Febuluwali 2005		Ifyakucita
Palicimo	14	Kuya kulaibulali
Palicibili	15	Kushita icitaabo ku kushopu
Palicitatu	16	Kuya kutauni
Palicine	17	Kumona umunandi Peter
Palicisaano	18	Kuya kushinema
Pacibelushi	19	Kwafwa batata mwibala
Pasondo/pa mulungu	20	Kuya ku calici

Asuka aya amepusho pesamba:

1. Lombe akaya kwiisa Palicitatu?
2. Niliisa akaya kulaibulali?
3. Palicine akamona nani?
4. Pacibelushi Lombe akalacita finshi?
5. Niliisa akaya kushinema?

Amashiwi / *Vocabulary*

luceelo-ceelo	*very early in the morning*
ibala	*garden*
seenda	*take*
kalashi	*class*
pyanga	*sweep*
teka	*keep or raise (animals)*
leemba	*write*
cita	*do*
citwa	*be done, held*
inkuni	*firewood*
icilonganino	*meeting*
akamana	*river*
insoka	*snake*
ukoowa	*swim*
lota	*dream*
ukunina	*climb*
ukubyala	*sow*
pola	*get well*
pulogalamu/ubutantiko	*timetable, programme*
tandala	*go on a journey, travel*
afwa	*help*
pepa	*pray*
ifyakucita	*activity/activities*
fwaya	*search for*
tandala	*visit*
umusunga	*porridge*
ifyumbu	*sweet potatoes*

Isambililo lya Ikumi Na Mutanda
Lesson 16

IMILANDU/IFYOTWALASAMBILILA /WHAT WE WILL LEARN

Topic: Languages and Countries of Africa
Function: Talking about different languages, countries and cultures/customs of Africa
Grammar: The use of -**ifingi**, -**mo**(H), **eka, onse**. **mu-, mi-** noun class
Cultural Information: The Languages of Zambia

Mapu ya Zamba/ *Map of Zambia*

http://www.lib.utexas.edu/maps/cia96/zambia_sm96.gif

Ukulondolola / *Explanation*

Mwansa introduces her cousin, Chishala

young sister	Uyu ni Chishala. Mwaicewandi. Ena mwiina Zambia leelo ekala ku Congo DR.
	Congo DR ili **pamulu** wa Zambia mu maapu.
	Umulume wakwa Chishala ni Timothy. Ena afuma ku South Africa.
south	South Africa ili ku**saufi (kapinda kaku kulyo)** ka Zimbabwe.

near the sea	Chishala alalanda Icibemba. Elyo Lingala alalandako panono. Ku Congo, Chishala na Timothy bekala **mupeepi na bemba (icimana icikulu).** Bena balitemwa icibemba.
city/ places	**Umusumba ukalamba** mu Congo DR ni Kinshasa. Abantu abengi balitemwa ukutandalila incende ishapusana-pusana mu Africa. Timothy na Chishala bakatandalila Luangwa National park.
animals	Mwaliba **inama** ishingi. Luangwa national park yaba munomwine mu Zambia kulya ku Eastern province.

IFYAKUCITA 1/ACTIVITY 1

Asuka aya amepusho pesamba:

1. Chishala ni nani?
2. Umulume wakwa Chishala ni nani ishina?
3. Umulume wakwa Chishala afuma kwisa?
4. Nga Chishala afuma kwisa?
5. Chishala noomulume wakwe bekala kwisa?
6. Citundu nshi Chishala alanda panono?
7. Chishala noomulume wakwe bekala mupepi nenshi?
8. Bakatandalila kwiisa?
9. Kinshasa isangwa kwiisa?
10. Nga ku Luangwa national park kwaba finshi?

Ulwiimbo lwa cishiipa ulwacaalo ca Zambia/Zambia National Anthem

Bemba Lyrics

First Verse	Lumbanyeni Zambia, no kwanga, Neecilumba twange tumfwane, Mpalume shabulwi bwa cine, Twalilubuka. Twikatane bonse.
Second Verse	Bonse tuli bana ba Africa, Uwasenaminwa na Lesa, Nomba bonse twendele pamo, Twalilubuka. Twikatane bonse.

Third Verse   Fwelukuta lwa Zambia lonse,
Twikatane tube umutende,
Pamo nga lubambe mu mulu,
Lumbanyeni Zambia.
Twikatane bonse.

Lumbanyeni,
Lesa, Lesa, wesu,
Apale icaalo,

Chorus

Zambia, Zambia, Zambia.
(Sung After Third Verse Only)   Fwe bantungwa
Mu luunwga lwa caalo.
Lumbanyeni, Zambia.
Twikatane bonse.

ENGLISH LYRICS

Stand and sing of Zambia, proud and free,
Land of work and joy in unity,
Victors in the struggle for the right,
We have won freedom's fight.
All one, strong and free.

Africa is our own motherland,
Fashion'd with and blessed by God's good hand,
Let us all her people join as one,
Brothers under the sun.
All one, strong and free.

One land and one nation is our cry,
Dignity and peace 'neath Zambia's sky,
Like our noble eagle in its flight,
Zambia, praise to thee.
All one, strong and free.

Praise be to God,
Praise be, praise be, praise be,
Bless our great nation,
Zambia, Zambia, Zambia.
Free men we stand
Under the flag of our land.
Zambia, praise to thee!
All one, strong and free.

FULAGI/IMENDELA YA ZAMBIA

www.internationaleducationmedia.com

IFYAKUCITA 2/ACTIVITY 2

Bushe cishinka nangu bufi?

1. Umulume wakwa Chishala ni Peter.
2. Chishala afuma ku Congo.
3. Chishala alalanda Icizulu.
4. Chishala noomulume wakwe bekala ku Congo DR.
5. South Africa ili kumasamba ya Zimbabwe.
6. Chishala noomulume wakwe balitemwa ukutandalila Luangwa national park.
7. Luangwa national park ili ku Congo DR.

IFYAKUCITA 3/ACTIVITY 3

Answer the following questions.

1. What is the name of your country?
2. What is the capital city of your country?
3. What countries are to the north, east, west, and south of your country?

IFYAKUCITA 4/ACTIVITY 4

Study the map of Zambia below. What are Zambia's neighboring countries?
Icilangililo: **kukabanga**
                            Kukabanga kuli Malawi.

Now use the following references to situate the rest of Zambia's neighbors:

Akapinda kakukuso	*north*
Akapinda kakukulyo	*south*
kumasamba	*west*

Some useful terms for countries

umusumba	*city*
Akapinda kakukulyo	*south*
icishi/ailandi	*island*
Akapinda kakukuso	*north*
kumasamba	*west*
kukabanga	*east*
babemba	*lakes*
impili	*mountains*
imimana	*rivers*
umusumba ukalamba	*capital*
akamana	*river*
kataka	*president*
icaalo	*nation/state*
minishita/cilolo	*minister*
bemba	*lake*

IFYAKUCITA 5/ACTIVITY 5

Umusumba ukalamba - *Capital City*

Mapu ya Afilika ileelanga imisumba ikalamba/*Map of Africa showing capital cities*

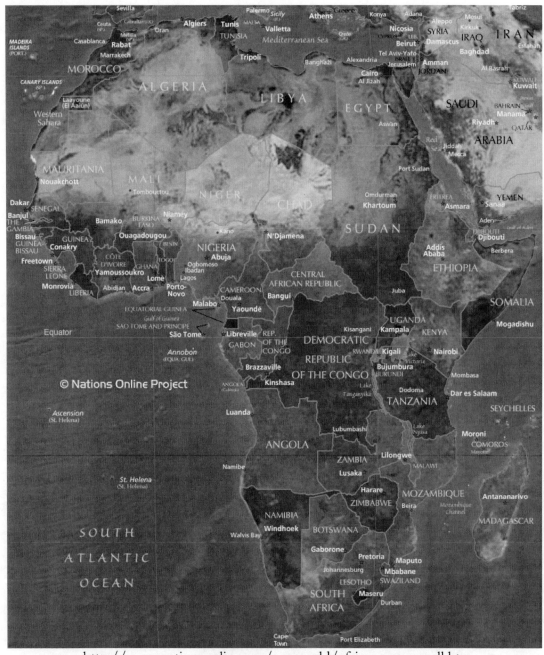

http://www.nationsonline.org/oneworld/africa_map_small.htm

Match the following countries with the correct capital city.

1. Zimbabwe   Dakar
2. Malawi   Kampala
3. Uganda   Mogadishu
4. Ghana   Abidjan
5. Ivory Coast   Windhoek
6. Kenya   Lusaka
7. Zambia   Ouagadougou
8. Sierra leone   Freetown
9. Burkina Faso   Dar es Salaam
10. Tanzania   Nairobi
11. Senegal   Lilongwe
12. Namibia   Harare

Gilama / Grammar

1. **-ingi** is an adjectival suffix that qualifies nouns in different ways as follows:

abaana abengi	*many children*
ifyalo ifingi	*many countries*
indimi ishingi	*many languages*
imiti iyingi	*many trees*
ifilonganino ifingi	*many meetings*
ifisabo ifingi	*many fruits*
imyeeshi iyingi	*many months*
amamaliketi ayengi	*many markets*
amepusho ayengi	*many questions*

As you can see, the way **-ingi** is used is dependant upon the noun that it is describing. As you practice through reading, speaking, and writing the language, subject agreements will become easier.

2. **Expressing –mo ~ one, same, another, certain**

   -mo to mean *same, another,* and *certain* has to be qualified with some prefix or another. To mean *same*, **-mo** goes with the accompanying root **–in**. For example,

icaalo **cimo cine**	*the same country*
ululimi **lumo lwine**	*the same language*
umuntu **umo wine**	*the same person*

The use of **–mo** to mean *another* and *certain* is very similar. Examples of this use can be seen in the following examples:

Ilyashi **limo**	*a certain story*
umuntu **umo ifi**	*a cetain man*
ubwafya bumo	*a certain problem*

3. **Expressing -onse, -eka ~   all, alone**

The stem **–onse** means *all*, while **-eka** means alone. Look at the following examples, some of which we have already encountered.

Njikala **neka**	*I live alone*
Twishile **fyeka**	*We came alone*
Eshile **eka**	*S/he came alone*

Asuka aya amepusho	Answer all the questions.
Ifyaalo **fyonse**.	*All the countries.*
Indimi **shoonse**.	*All the languages.*

Nouns that take mu- ~   mi- class prefixes

These noun prefixes involve all nouns that relate to all trees and other impersonal nouns. The nouns in the singular form are marked by **mu-/mw-,** while those in the **plural** form are marked by **mi-/mw-.** Let us look at the following examples:

umuti	**imiti**	*tree/s*
umweshi	**imweshi**	*month/s*
umukoshi	**imikoshi**	*neck/s*
umuloomo	**imiloomo**	*lip/s*
umutundu	**imitundu**	*ethnic group/s*

IFYAKUCITA 6/ACTIVITY 6

Lulimi nshi balanda?
What language do they speak?

Study the list given below and say what language the listed people speak. Follow the example.

Icilangililo: Mutinta/Icitonga
                    Mutinta alanda Icitonga.
                    Mwamba/Chikaonde
                    Lubinda/Iciloshi
                    Samakayi/Chikalubale
                    Banda/Icinsenga
                    David/Iciyoruba
                    Tulani/Icindebele
                    Namutenda/Icinamwanga
                    Nothando/Icixhosa
                    Pekka/Icifinishi
                    Sanna/Chijemani

IFYAKUCITA 7/ACTIVITY 7

Landa uko balanda ishi imitundu/indimi pesamba:
Say where the following languages are spoken.

Icilangililo: Bemba
                 IciBemba cilandwa mu Zambia.

1. Zulu
2. Nyanja
3. Tonga
4. Swahili
5. Lingala
6. Luganda
7. Yoruba
8. Wolof
9. Pulaar
10. Somali

Culture

A number of Zambians are able to speak Bemba or at least to understand it. This language has many dialects spoken in many parts of the country. Probably this explains why it has the largest number of speakers across the country..

Bemba is mostly spoken in the Northern and Luapula provinces. Linguists have since identified two main varieties of Bemba, Town Bemba and Rural Bemba. Town Bemba being the Bemba variety spoken mainly in the urban areas of the country particulary on the Copperbelt and Lusaka provinces. While the Rural variety is commonly spoken in the rural Northern Zambia. This is a variety that is considered 'the standard' as it is spoken by the natives and it is the variety which has been used in most written materials.

IFYAKUCITA 8/ACTIVITY 8

Landa mukalashi indimi shilandwa mucalo cenu.
Tell your class about the languages spoken in your country.

IFYAKUCITA 9/ACTIVITY 9

Noobwafwilisho bwa bakafundisha esheeni ukwimba ulwimbo lwa cishipa ca Zambia.
With the assistance of your teacher, try and sing the national anthem of Zambia.

IFYAKUCITA 10/ACTIVITY 10

Leemba ulwimbo lwacishipa ca caalo cobe elyo nokubelengelako ikalashi lyobe. Fundisha ikalashi lyobe ifyakulwimba.
Write down the national anthem of your country and recite it to your class. Teach your class how to sing it.

Ukushimika/*Narration*

Ba Pulofesa Mutale balelanda pancende isho baatandalila muno Africa.
Professor Mutale talks about the countries that he has visited in Africa.

	Nalitandala muncende ishingi.
once	Nali**po** ku Cape Town, ku South Africa mu 1998.
	Nalimona impili beta ati *Table Mountain*. Kabili nalimwene
meet	**apakumanina** bemba wa *Indian Ocean* na *Atlantic Ocean*.
language	Abaantu aba ku Cape Town balanda iciXhosa.
	Ine noomwaice wandi twaile ku Zimbabwe mu 2001.
waterfall	Uku ku Zimbabwe namweneko Victoria Falls, **icipoma**
amazing	**icisuma nganshi**.
	Twalimweneko neenama ku Hange National park. Ku Hange
	National Park kwaba insofu,
and others	inkalamo, bazebula (inkonshi) **na shimbipo**.
	Abantu abengi ku Zimbabwe balanda Icishona.
other	Ku Victoria Falls **bambi** abantu balanda iciTonga nangu
	iciNdebele.

IFYAKUCITA 11/ACTIVITY 11

Asuka aya amepusho pesamba:

1. Ba Pulofesa Mutale baile kwiisa mu 1998?
2. Bamweneko finshi?
3. Abantu abengi ku Cape Town lulimi nshi balanda?
4. Mu 2001 ba Pulofesa Mutale baile kwisa?
5. Baile na naani?
6. Bamweneko inshi ku Zimbabwe?
7. Ni nama **nshi** bamwene ku Hange National Park?   *which ones?*
8. Abaantu baku Zimbabwe lulimi nshi balanda?   *which language*

IFYAKUCITA 12/ACTIVITY 12

Bushe cishinka nangu bufi?

1. Ba Pulofesa Mutale baile ku Cape Town mu 1998.
2. Baile beka ku Cape Town.
3. Ba Pulofesa Mutale baile ku Zibabwe mu 2000.
4. Baile ku Zimbabwe noomwaice wabo.
5. Ku Zimbabwe bamweneko *Great Zimbabwe*.
6. Bamweneko inama ishingi mu Hange National Park.
7. Icitonga **cilalandwa** ku Victoria Falls.   *it is spoken*

Amashiwi / *Grammar*

Amataba/ inyanje	*corn, maize*
Iciishi/ailandi	*island*
pekanya	*prepare*
ulupili	*mountain*
umusumba	*city*
umusumba ukalamba	*capital city*
-kulu	*big*
kukabanga	*east*
kumasamba	*west*
babemba	*lakes*
amaindashitili	*industries*
impili	*mountains*
Apinda kakukuso	*north*
Akapinda kakukulyo	*south*
mapu	*map*
umukankala	*rich (person)*
ululimi	*language*
Lesa	*God*
kanshi	*therefore*
icaalo	*country*
imimana	*rivers*
mupepi	*near*
akamana	*river*
bakacema	*herders*
abapina	*poor (people)*

Isambililo lya Ikumi na Cine Lubali
Lesson 17

IMILANDU /IFYOTWALASAMBILILA /WHAT WE WILL LEARN

Topic: Directions
Function: Giving directions
Grammar: Expressing *about to..*, neuter verb extension, -ik- and -ek-.
Cultural Information: Asking and Giving Directions

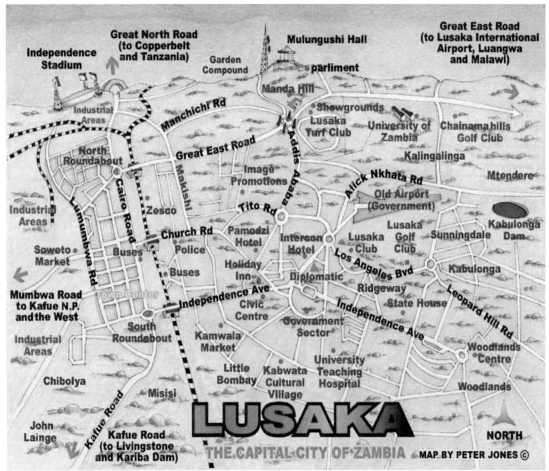

Umusumba wa Lusaka/ *Lusaka City*

Ukulondolola/*Explantion*

Mulenga is giving directions to her house from the major shopping center that is close to their house.

	Ine njikala ku Parklands na batata.
shops/ coming from	Ing'anda yesu yaba mupeepi namashopu.
	Nga mwafuma
to your left	pamashopu, mwendeko elyo **mukonekele kukuso.**
junction/ turn/ left	Nga mwafika pa**jankisheni, konekeleni kukuso kabili.**
until/ sign	Mukonke uyu musebo **mpaka** musange **icilembo** ica *Bendea* elyo mukonekele kukuso.
go straight up/ do not turn	**Muyefye sitileti, mwikoneka.** Mwalamona ing'anda.
continue going	ishingi lelo **mukonkanyepofye ukwenda.**
when you reach/ right	Nga mwafika panaamba 2058, mukonekele ku **kulyo kwenu**.
gate/ black	Mwalamona geti iyabulaki ne ng'anda iyagile.
number	Ni pa**namba** 2098.
knock	**Mukonkonshe** palya pene.

IFYAKUCITA 1/ACTIVITY 1

Asuka aya amepusho pesamba:
1. Mulenga ekala kwisa?
2. Ing'anda yabo yaba mupepi nenshi?
3. Pacilembo ica *Bendea* bushe kukonekela kukuso nangu kukulyo?
4. Mulenga ekala panamba shani?
5. Ing'anda yabo **yelangi** nshi?   *what color?*
6. Nga geti yakala nshi?

IFYAKUCITA 2/ACTIVITY 2

Bushe cishinka nangu bufi.

1. Mulenga ekala ku Chamboli.
2. Ing'anda yapalamina neesukulu.
3. Ing'anda yabo ni namba 2078.
4. Ing'anda yabo yagile
5. Mulenga ekala nabanyina na bawishi.

IFYAKUCITA 3/ACTIVITY 3

Ulefwaya ukwita umunobe kung'anda kumwenu pakuti mulembe ifyakusukuulu. Langilila umunobe ifyakwenda pakwisa kumwenu. *You want to invite your friend to your house in order to do your school work. Describe to him/her how to get to your house.*

Some important words for giving directions

Akapinda kakukuso	*north*
mupeepi	*near*
pakati	*in the middle, at the center*
kutali	*far*
saufi	*south*
kumasamba	*west*
kukabanga	*east*
kuntanshi	*in front of, ahead*
kunuma	*behind*
kukuso	*left*
kukulyo	*right hand*

Quarters of the Compass

nofi	*north*
saufi	*south*
kukabanga	*east*
kumasamba	*west*

Verbs

-amba	*begin from…*
-konka	*follow*
-koneka	*turn*
-tolokeni/cilukeeni	*cross, go across*

Culture

Ukwipusha ifyakwenda/ Asking for Directions

Most people in Zambia do not use maps. People use different land features to describe a certain location or to direct a person. It is very common practice to hear people asking where a certain place is located. Usually people are very forthcoming and take their time to answer an enquiry.

The use of left and right is very common when giving directions. At times, reference to compass positions is also made. Trying to locate a place in the urban areas is easier because of street names and numbers.

Things to note when asking for Directions

- In Bemba, before asking for something, it is essential to greet the person you are talking to first, or to ask for permission to talk to them by using the term **njipusheko mukwai** *may I ask please*
- The term **njipusheko mukwaii** *may I ask please*, is a polite way of address.
- When approaching a house/homestead, the term **odini kuno** *may we arrive!* is used to seek permission to enter a homestead or a home be it in an urban or rural setting.
- It is important to say **natasha/natotela** *thank you* at all times, for instance after being given some information.

IFYAKUCITA 4/ACTIVITY 4

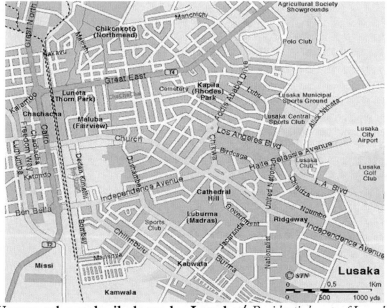

Umusumba wakwikalamo ku Lusaka/ *Residential map of Lusaka*

Lolesha palimapu pamulu. Langilila umunobe ifyakwenda pakuya kuli ishi incende mu Lusaka mwine nga alefuma ku tauni.
Look at the map above. Give directions to your friend on how to reach the following places in Lusaka if you are coming from the city center.

1. Avondale
2. Chelstone
3. Northemead
4. Kabanana
5. Kabulonga
6. Matero
7. Kabwata
8. Chawama

Gilama / Grammar

Expressing About to…

There is no proper word to express *about to* in Bemba. The expression *about to…* is reflected in the verb itself which expresses immediate future to show the immediate intention. Sometimes the sentence includes the word **nomba** *now* when this word is used together with the future tense in order to get the equivalence of *about to*.

Examples:

Nalaya nomba.	*I am about to go (now).*
Twalaya nomba.	*We are about to go (now).*

IFYAKUCITA 5/ACTIVITY 5

Bushe kwalepa shaani? *How far is it?*
Ipusha umunobe ifyo ishi incende shili pesamba shalepa ukufuma kung'anda yenu:
Ask your friends how far the following places below are from your house:

Icilangililo: **Ku supamaliketi/1km**
   A: Ku supamaliketi kwalepa shani?
   B: Pakufika ku supamaliketi kwenda 1km.

1. Ku poshiti ofeshi/200m
2. Ku **kiliniki**/5km   *clinic*
3. Ku cipao candalama/**banki**/300m   *bank*
4. Ku saluni/500m
5. Ku maliketi/10km

6. Ku yunivesiti/20km
7. Ku tauni/13km
8. Ku laibulali/1km
9. Ku **basi sitopu**/500m   *bus stop*
10. Ku shitolo/1km

IFYAKUCITA 6/ACTIVITY 6

Wikala mumusebo nshi, pa namba shani? / *Along which street do you live, at what number?*
Ipusha umunobe eko ekala umusebo neenamba. Mona icilangililo pesamba:
Ask your friend where s/he lives, in what street and what number. Follow the example below:

Icilangililo: A: Wikala kwiisa/kwi?
          B: Njikala ku Kansenshi.
          A: Wikala mumusebo nshi?
          A: Njikala mu Chintu Avenue.
          B: Oo, pa namba shani?
          A: Pa namba 22.

IFYAKUCITA 7/ACTIVITY 7

Mupepi nenshi? / *Near what?*
Ipusha umunobe ifyo ishi incende shaba mupepi nafyo. Mona icilangililo pesamba:
Ask your friend what these places are near to. Follow the example below:

Icilangililo: Zimbabwe/Zambia
          A: Zimbabwe ili mupepi nenshi?
          B: Zimbabwe ili mupepi na Zambia.

1. Yunivesiti/Arcades
2. Lusaka/Kabwe
3. Kasama/Chinsali
4. Banki/supamaliketi
5. Ing'anda/Kiliniki
6. Poshiti Ofeshi/maliketi
7. Saluni/bukushopu

IFYAKUCITA 8/ACTIVITY 8

Imisumba ishi shaba kwiisa/kwi? *Where are these towns/cities?*

Eba umunobe ukwaba iyi misumba. Konka icilangililo: *Tell your friend where the following towns/cities are. follow the example:*

Icilangililo : Lusaka
Umusumba wa Lusaka waba mu Zambia.

1. Maputo
2. New York
3. Lilongwe
4. Frankfurt
5. Abidjan
6. Windhoek
7. Accra
8. Harare
9. Kinshasa
10. Arusha

Gilama / Grammar

Neuter Verb Extension -ik- ~-ek-

The neuter verb suffix is **-ik-** when the final vowel of the verb root is **a, i,** or **u** and **-ek-** when the final vowel of the verb root is **e** or **o**. The neuter indicates actions that can be done easily.

ukufwika	*to dress someone*
ukumoneka	*visible*
ukuliika	*edible*
ukumfwika	*audible*
ukubelengeka	*readable*

IFYAKUCITA 9/ACTIVITY 9

Complete the following table by giving the affirmative verb forms for the following verbs.

Affirmative	Neuter
	ukufwika
	ukumoneka
	ukuliika
	ukumfwika
	Ukubelengeka

IFYAKUCITA 10/ACTIVITY

Bushe nimupepi apakwenda?/*Is it walking distance?*
Ipusha umunobe ngacakuti ishi incende shili mupepi apakwendafye? Mona icilangililo pesamba:
Ask your friend if the following places are walkable distance. Follow the example below:

Icilangililo: A: Bushe ku maliketi nimupepi ukwakwendafye?
              B: Ee, ku maliketi kwakwendafye.
              C.   Iyo, kutali/pakwendafye.

1. Ku tauni.
2. Ku kiliniki.
3. Ku cipao candalama/banki.
4. Ku saluuni.
5. Ku bukushopu.
6. Ku poshiti ofeshi.
7. Ku sukulu.
8. Ku yunivesiti.

Ilyashi/*Dialogue*

Chisanga aciya ku tauni eka umuku wakubalilapo. Alalondolwela abafyashi bakwe ifyo aciluba.
Chisanga went to town alone for the first time. He explains to his mother and father about how he got lost.

I got lost	**Chisanga:**	Mwebafyashi, leelo **naciluba.**
	Banyina:	Kwiisa/kwi mwanawandi.
	Chisanga:	Ku tauni.
	Bawishi:	Oo, o, wacilubila shaani?
	Chisanga:	Nacinina basi iyakuya ku tauni kuma 9. Nacifika ku tauni kuma afu pasti 9.
along which road	**Banyina:**	Bushe *Shoprite* yaaba**mumusebo nshi?**
	Chisanga:	Yaaba mumusebo wa Cairo.
continue	**Banyina:**	Oo, ee **konkanyapo.**
	Chisanga:	Nacifikafye bwino pa Shoprite.
when coming back		Nomba nduubile pakubwela. **Naciluba pa baasi**
of buses		**sitopu. Nacamba ukufwaya nookwenda ukufika naku musebo wa Lumumba.**
What did you eventually do?	**Bawishi:**	**Nga wacicita shaani pakuti ulondoke?**
be on time	**Chisanga:**	Nacisaipusha umo umulumendo.
	Banyina:	Oo!

IFYAKUCITA 11/ACTIVITY 11

Asuka aya amepusho pesamba.

1. Chisanga aciya kwiisa/kwi?
2. Aciya naba nani/baani?
3. Acinina nshi pakuya?
4. Ninshita nshi acifika ku tauni?
5. Shoprite ili mumusebo nshi?
6. Chisanga acifika kwisa?
7. Acipusha nani?
8. Nga iwe bushe **walitala** lubapo? *Ever*

Amashiwi / *Vocabulary*

iloba	land, soil
panshi	below
koleji	college
ubulalo/biliji	bridge
-buuta	white
-fika	arrive
-konka	follow
geti	gate
-koneka	turn
apa	here
apo	there (where the listener is)
uko	over there (where the listener is)
pano	right here
umo	in there
muno	in here
-ingila	enter
pamulu	above, on top of
calici	church
pakati	in between, between
pakatinankati	in the middle, at the center
butuka!	run!
kutali/leepa	far
kukulyo	to the right hand side (also the hand one uses for eating)
kukuso	to the left hand side
kusaufi	to the south
kumasamba	west
kukabanga	east
pantanshi	in front of, ahead
mita	meter
ifingi	a lot
-konkanya	proceed
apo	over there
-nina	board/get on
-laba	forget
landa!	speak!
-ikila	disembark
iminina!	stop/stand!
-lwala	be sick
inshila	direction/way
-toloka/ciluka	cross, go across

Isambililo lyeekumi na Cine Konse Konse
Lesson 18

IMILANDU/IFYOTWALASAMBILILA /WHAT WE WILL LEARN

Topic: University life, courses, degrees
Function: Talking about university life
Grammar: Professions
Culture: Traditional and Modern Education

Ilyashi/dialogue

Martin alanda pamasambililo yakwe ayaku yunivesiti.
Martin talks about his studies at the university.

	Ine nine Martin Chimana. Ndi neemyaka 22. Nsambilila pa yunivesiti ikalamba iya Zambia atemwa UNZA.
in the second year	Ndi mumwaka wabubli.
started/degree	Nataampile iyi digili 2005.
	Nsambilila mwi *Sukuulu* lyaArts. Digili yandi iseenda imyaka ine.
courses	Nsambilila amakosi yatatu. Amakosi
they include	**ni aya**, Lingwistikisi, Icibemba na History.
therefore	**Kanshi** nalitemwa gilama saana. Kabili nkatwalilila
studies	**amasambililo** ya Lingwistikisi na Icibemba.
	Muli Lingwisitikisi na Icibemba tulasambilila ifintu ifingi
concerning/ exams	**ifikumine** gilama. Tulalemba amashindano cilya umwaka ngawayamukupwa.
if	**Nga** napwisha, ndefwaya nkabikilepo digili
read towards/ higher	**yapamulu**. Bonse pamo noomunandi Frank tusoma
also	Lingwisitikisi. **Nankwe** asambilila
	pa yunivesiti ya Zambia (UNZA).
geography/ French/ Philosophy	Umunandi alasambililako na **Jogilafi, Fulenci**
	na **Filosofi**. Ena alalandako Fulenci panoono.
	Bambi abasambi basambilila Histori, Icisungu, Saikoloji na fimbipo.
we work hard —with strength	Bonse twalitemwa isukulu. **Tulabombesha na maka.**
waste time	Cilabushiku tulabelenga ku laibulali ukufika kuma 10 ubushiku.

IFYAKUCITA 1/ACTIVITY 1

Asuka aya amepusho pesamba / *Answer the following questions*

1. Martin asambilila kwiisa?
2. Martin ali nemyaka inga?
3. Asoma nshi?
4. Umunankwe wakwa Martin ni nani ishina?
5. Umunankwe wakwa Martin asoma nshi?
6. Niliisa Martin balemba amashindano?
7. Martin abeleengela kwiisa cilabushiku?
8. Nga iwe usoma nshi?

IFYAKUCITA 2/ACTIVITY 2

Bushe cishinka nangu bufi?

1. Martin asambilila ku yunivesiti ya Zambia.
2. Martin ali neemyaka 20 .
3. Umunankwe wakwa Martin ni Frank.
4. Umunankwe wakwa Martin asoma Saikoloji.
5. Martin alalemba amashindano cilya umwaka wayamukupwa.
6. Cila bushiku Martin na umunankwe balaya ku laibulali.
7. Mutale alabomba na maka.

IFYAKUCITA 3/ACTIVITY 3

Landa mukalasi amakoosi ucita? *Useful words regarding university life and education*

Ubwikalo bwapa yunivesiti	*university life*
koleji	*college*
kalashi	*class*
bukushopu	*bookshop/store*
amasambililo	*education*
dipatimenti/iciputulwa	*department*
esee	*essay*
kafitelya	*cafeteria*
sukuulu	*school*
labu	*laboratory*
laibulali	*library*
lekica/bakafundisha	*lecture*
taimutebo	*timetable*
semina	*seminar*
fesisi	*dissertation/thesis*

Amakoosi / *Courses*

amflopoloji	*anthropology*
botani	*botany*
zuuloji	*zoology*
ejukesheni/amasambililo	*education*
filosofi	*philosophy*
litilica	*literature*
fizikisi/sayansi	*physics*
matsi/insamushi	*mathematics*
histoli	*history*
lingwistikisi	*linguistics*
jogilafi	*geography*
kemestili/sayansi	*chemistry*
ifitundu/indimi	*language/s*
saikoloji	*psychology*
politikisi	*political science*
sayansi	*science*
ifyebo/lo/amafunde	*law*
sosholoji	*sociology*
statistikishi	*statistics*
jonalizimu	*journalism*
ikonomikishi	*economics*

IFYAKUCITA 4/ACTIVITY 4

Mona taimutebo yakwa Martin elyo wasuke amepusho pesamba.

Inshita	**Palicimo**	**Palicibili**	**Palicitatu**	**Palicisano**
8.00-9-00	Lingwistiksi			Lingwistiksi
9.00-10.00	History			
10.00-11.00			History	
11.00-12.00		IciBemba		IciBemba
12.00-1.00				
1.00-2.00	LANCI			
2.00-3.00			IciBemba	Semina
3.00-4.00	Semina			
4.00 -6.00	Bola			Bola
6.00-7.00	UKULYA			
7.30-10.30	Laibulali	Laibulali	Laibulali	

1. Martin asambilila amakoshi yanga cila-mulungu?   *per week*
2. Martin akwata semina ubushiku nshi?
3. Martin akwata amalekica aya Icibemba yanga?
4. Martin akwata amalekica aya Histoli yanga?
5. Asambilila Lingwisitikishi ubushiku nshi?
6. Asambilila Lingwisitikisi inshita nshi?
7. Asambilila Histoli inshita nshi?
8. Martin asambilila nshi mukasuba?
9. Bushe Martin alaya ku sukulu pawikendi/pamulungu?
10. Aaya ku laibulali inshita nshi?

Culture

Most Zambians, especially in rural areas are oral people. It is through oral means that various customs and traditions are transmitted from one generation to another. The Bemba people are not an exception in the use of orality.

Oral literature can be very deductive. From the various stories and folktales, the elders are able to teach their children on many aspects of life such as hard work, politeness, mercy, courage and many other approved values in society. Some of the stories and tales that are told are those of the clever Kalulu the hare and other inanimate objects. Everyone in traditional Bemba society participated in formal and informal storytelling as interactive oral performance—such participation is an essential part of traditional Bemba communal way of life, and basic training in a particular culture's oral arts and skills were an essential part of children's traditional indigenous education on their way to initiation into adulthood.

Another important aspect oral literature is proverbs. Proverbs are highly regarded in the Bemba society and they are mostly used by the adults. They are regarded as words of wisdom and they are mostly employed in speech. They also have several functions for example there are proverbs of encouraging, admonishing, and advising, among others. Young people learn from proverbs from adults.

However, modernity has changed to some extent, the type of education found in ther rural set up, from oral and informal education to formal education. This latter kind of education demands that one attends primary, secondary and tertiary education. After High school one can enroll in colleges and universities to study various programmes which include teaching, nursing, engineering, medicine, just to mention a few.

IFYAKUCITA 5/ACTIVITY 5

Ipusha umunobe amepusho aya yali pesamba:

1. Bushe ukwata amakalasii yanga Palicimo?
2. Usambilila pa yunivesiti nshi?
3. Nilisa muleemba amashindano?
4. Bushe mulakwata amasemina?
5. Lekica yobe iya Icibemba ibako inshita nshi?
6. Ukwata amalekica yanga aya cibemba Palicimo ?
7. Musambilila nshi mukasuba?
8. Mupwisha nshita nshi ukusambilila cilabushiku?

IFYAKUCITA 6/ACTIVITY 6

Babili-babili
Ipusha umunobe ukuti asoma nshi.

IFYAKUCITA 7/ACTIVITY 7

Ipusha umunobe incito afwaya ukubomba?

    Icilangililo: **Nasi**
                          Ine mfwaya ukuba nasi.
                          I want to be a nurse.

1. Injiniya.
2. Ticha.
3. Dokotala.
4. Famasisti.
5. Pailoti.
6. Umulimi.
7. Kapokola.
8. Umushilika.

IFYAKUCITA 8/ACTIVITY 8

Landa mukalasi ifyo umuuntu afwile asoma pakuti abombe incito ishi shili pesamba. Konka icilangililo pesamba:
Tell your class what you have to study to do any one of the following jobs. Follow the example below.

Icilangililo: **Ticha**
Nga ulefwaya ukuba ticha, ufwile wasoma ejukesheni/amasambililo.
If you want to be a teacher, you have to study education.

1. saintisiti.
2. dokotala.
3. ikonomishiti.
4. weta.
5. ndubulwila.
6. akauntanti.

Gilama / Grammar

Professions
The names of most professions will begin with the prefix 'BUU' in which case you have professions such as:

Bukafundisha	*Teaching*
Bunasi	*Nursing*

IFYAKUCITA 8/ACTIVITY 8

Uli mumwaka nshi?/*What year are you in?*
Konka icilangililo pesamba pakwipusha abomusambilila nabo ilipusho ilillipamulu.
Follow the model below to ask your classmates the question above.

Icilangililo: A: Uli mumwaka nshi?
                   B: Ndi mumwaka wapakubala.

Ilyashi/*Dialogue*

Lamya/Cellphone

Ilyashi pafoni/ Telephone conversation

A: Halo.
B: Mwabombeni.
A: Bushe Mwape epo ali?
B: Awe Mwape talipo.
A: Ele kwiisa?.
B: Ele ku tauni luceelo-ceelo. Alabwela kuma 2.
A: Nga iwe niwe nani?
B: Nine Betty. Tusambilila bonse ku yunivesiti.
A: Oo musambilila bonse?
B: Emukwai. Ndi nabanyina banyina bakwa Mwape.
A: Mulishani mayo?
B: Ndifye bwino mwanawandi.
A: Nga iwe usoma nshi?
B: Nsoma Sosholoji. Ndi mumwaka wapakubala.
A: Oo, kuti natemwa saana ukukwishiba.
B: Oo. nkesa na Mwape tukesemonana.
A: Foni namba yobe nishaani?
B: Ni 0966119168.
A: Cisuma kanshi.

Asuka amepusho aya pesamba:

1. Umunakwe wakwa Betty ni naani?
2. Betty alelanda na baani pafoni?
3. Mwape ele kwiisa?
4. Mwape aciya nshita nshi ku tauni?
5. Betty asoma nshi pa yunivesiti?
6. Betty ali mumwaka nshi?
7. Mwape alebwela nshita nshi ku tauni?
8. Foni namba yakwa Betty ni shaani?
9. Betty na Mwpe basambilila kwiisa/kwi?
10. Nga iwe usambilila kwisa elyo kabili usoma nshi?

IFYAKUCITA 10/ACTIVITY 10

Pangeni ilyashi lyapafoni pakati kaiwe noomunobe. Mulande pa bwikalo bwa payunivesiti na amakosi yasangwapo.
Compose a telephone conversation between you and your friend. Talk about university life and the different courses at university.

Ukupitulukamo/*Review*

The review takes into account what you have studied in lessons 16-18. Try and answer all the questions.

IFYAKUCITA 01/ACTIVITY 01
Landa mu kalashi umusumba ukalamba untu waishiba kabili ulande nooko usangwa. *Tell your class about a capital city you know. State where it is.*

IFYAKUCITA 02/ACTIVITY 02
Banokofyala balefwaya ukukutandalila uyu mulungu uleisa. Balangilile ifyakwenda ukufika kung'anda kumobe.
Your aunt wants to visit you at your house next week. Explain the directions to your house.

IFYAKUCITA 03/ACTIVITY 03
Nikwiisa ishi imisumba nemisumba shikalamba shisangwa. *Where do you find the following towns and cities?*

1. Frankfurt
2. Kinshasa
3. Cape Town
4. Dublin
5. Freetown
6. Durban
7. Tunis
8. Entebe

IFYAKUCITA 04/ACTIVITY 04
Leemba ese iyipi/ilyashi ilipi ulondolole ifyo aba abantu pesamba bacita: *Write a short essay explaining what the following people do.*

1. Banoko
2. Bawiso
3. Banokofyala
4. Banokolume
5. Bashikulu

IFYAKUCITA 05/ACTIVITY 05
Ipusha abanobe ifyo balesoma noomwaka balimo pa yunivesiti. *Ask your friends what they are studying and what year they are in at university.*

Amashiwi/*Vocabulary*

akauntantii	*accountant*
amflopoloji	*anthropology*
abayakumweshi	*an astronaut*
dipatimenti/iciputulwa	*department*
botani	*botany*
bukushopu	*bookshop/store*
lekica	*lecture*
fesisi/disetesheni	*dissertation/thesis*
shing'anga/dokotala	*doctor*
dipatimenti/iciputulwa	*department*
disetesheni/fesisi	*dissertation/thesis*
amasambililo/ejukesheni	*education*
fakoti	*faculty*
famasisti	*pharmacist*
filosofi	*philosophy*
fizikisi	*physics*
ndubulwila	*lawyer*
histoli	*history*
hosteo	*hall of residence*
weta / kapekanya	*waiter*
ikonomikishi	*economics*
ikonomishiti	*economist*
injiniya	*engineer*
injiniyaringi	*engineering*
jonalizimi	*journalism*
jogilafi	*geography*
kafitelya	*cafeteria*
kemesitili	*chemistry*
kalasi	*class*
komesi	*commerce*
koleji	*college*
kosi	*course/s*
labu	*laboratory*
lekica/kafundisha	*lecture*
lingwistikisi	*linguistics*
litilica	*literature*
matsi/insamushi	*mathematics*
umutemwikwa	*dear*
kafundisha/ticha	*teacher*
kapokola	*policeman*
umulimi	*farmer*

umushilika	*soldier*
indimi/ifitundu	*language/s*
ifyebo/amafunde	*law*
-leemba	*write*
pailoti	*pilot*
politikisi	*political science*
laibulali	*library*
esee	*essay*
icitemwiko	*love*
saikoloji	*psychology*
saintisiti	*scientist*
sayansi	*science*
semina	*seminar*
sosho sayansi	*social sciences*
sosholoji	*sociology*
statistikisi	*statistics*
insamushi/matsi	*mathematics*
taimutebo	*timetable*
-ensha	*drive*
umuti	*medicine*
buukafundisha	*teaching*
bunasi	*nursing*
ubwikalo bwapa yunivesiti	*university life*
ubutungulushi	*leadership/administration*
litilica	*literature*
waini/ndifai	*wine*
yunivesiti	*university*
zuuloji	*zoology*

Bemba - English Glossary

Aba	*these (people)*
Abaana	*Children*
Abaantu	*People*
Abakashana	*Girls*
Abakote abaume	*old man*
abanakashi	*Women*
Abapina	*poor (people)*
Abaume	*Men*
Abayakumweshi	*an astronaut*
Abeeni	*Visitors*
Abo	*those (people)*
Afu/pakati	*half*
Afwa	*help*
-aice/-nono	*small*
Akabengele kakalamba	*February*
Akamana	*river*
Akapepo kanoono/Meyi	*May*
Akapinda kakukuso	*north*
Akasaka ntobo/Ogasiti	*August*
Akasote	*a hat*
Akasuba	*day, sun*
Akauntanti	*accountant*
Alefwaya	*s/he wants*
Alesoma	*s/he is studying/reading*
Amafuta/saladi	*cooking oil*
Amagulofu	*glove/s*
Amaindasitili	*industries*
Amakaloti	*carrot/s*
Amakasa	*Feet*
Amakumi cine konse konse	*eighty*
Amakumi cine lubali	*seventy*
Amakumi mutanda	*sixty*
Amakumi pabula	*ninety*
Amakumi yabili	*twenty*
Amakumi yane	*forty*
Amakumi yasaano	*fifty*
Amakumi yatatu	*thirty*
Amalila	*celebration*
Amaluba	*flowers*

Amapoteto/ifilashi	*potatoes*
amasaladi	*salad*
Amasambililo	*education*
Amashina	*names*
Amashina ya banakashi	*names of women*
Amashina ya baume	*names of men*
Amaswiti	*sweets*
amataba/inyanje	*corn/maize*
Ameenshi	*water*
Amelika / Amerikeni	*America*
Amepusho	*questions*
Amfulopoloji	*anthropology*
-andi	*My*
Angala	*play, dance*
-ani?	*who?*
Anyensi/onyoni	*onion/s*
Apa	*right here*
Api nyuyee	*Happy New Year!*
Apo	*over there*
Asuka *(singular)*	*answer (singular)*
Asukeeni **(plural, honorific)**	*answer (plural/honorific)*
Atemwa	*s/he likes*
Awe/iyoo	*no*

B

Baasi	*bus*
Babemba	*lakes*
Babili	*Two*
balipalana	*they look alike*
balya beene	*they (emphasis)*
Bamama	*grandmother*
Bamayo	*mother, Mrs*
Bamayofyala	*aunt*
Bambi	*Others*
Bamineti	*minutes*
Bamotoka/ifimbayambaya	*cars*
Bampundu	*twin/s*
Basentenshi	*sentences*
Batata	*father*
Beena	*they/them*
-beleenga/-soma	*read, study*
Biliji/ubulalo	*bridge*

-biri	*second*
Bola	*ball*
Bomba	*work*
Bomba	*work*
-bomfya	*use, utilize*
Bonse	*you (all)*
Bonse	*all of us*
Bonse	*all (people)*
Botani	*botany*
-bucishinka	*Trustworthy*
-buka	*wake up*
Bukushopu	*bookshop/store*
Bula	*bra*
Bulauni	*brown*
Buleki	*a break*
Bulu	*blue*
Bulya bushiku	*day after tomorrow*
Bulya bushiku	*day before yesterday*
Bushe uleumfwa?	*do you understand? (singular)*
Bushe?	*question operator*
Butuka!	*run!*
Buunaashi	*Nursing*
-buuta	*white*
-buuta/ubusaka	*clean*
Bwekeshapo	*repeat (singular)*
Bwekeshenipo	*repeat (plural/honorific)*
-bweshako umutengo	*lower the price*
Bweshako!	*lower the price*

C

Cabulanda!	*condolences*
Calici	*church*
Caliluma umutengo	*it is expensive!*
Calola mwi	*what does it mean*
Candi	*Mine*
Ceenji	*change*
-cenjela	*clever, bright*
Ciisa	*which/what type?*
Cilemba	*beans*
Cimotoka/loli	*lorry*
Cinda	*dance*
Cine-konse-konse	*eight*

Cine-lubali	*seven*
Cinshi kubili/Novemba	*November*
-cipa	*be cheap*
Cisuma	*ok*
Cisuma	*it is alright*
-cita	*do/make*
Cungulopo mukwai	*good evening*

D

Deti/ubushiku	*date (on a calendar)*
Digili	*university degree*
Dilinki/icakunwa	*drink*
Dipatimenti/iciputulwa	*department*
Dipatimenti/iciputulwa	*department*
Disemba/umupundu milimo	*December*
Disetesheni/fesisi	*dissertation/thesis*
Disetesheni/fesisi	*dissertation/thesis*
Dishiko	*disco*

E

Eico	*so*
Ejukesheni/amasambililo	*education*
Emukwai/ee	*yes*
Ena	*he/she/him/her*
Enda	*walk*
Ensha	*Drive*
Epashili pakuleka!	*congratulations!*
Epela	*only / just*
Esee	*essay*

F

Fakoti	*faculty*
Falentaini	*Valentine's Day*
Famasisti	*pharmacist*
Filosofi	*philosophy*
-fika	*arrive, reach*
Fine	*four*
Finga/fisa	*how much/what type*
Fino fine	*So so*
Fisa?	*which ones?*
Fisaano	*five*
-fita	*black*

Fitatu	*three*
Fizikisi	*physics*
Foloko	*a fork*
Fulati	*flat/apartment*
-fuma	*come from, go out*
Fumyamo/fumyapo	*minus, subtract*
Funda	*teach*
-fwa	*die*
-fwala	*wear/put on clothes*
Fwaya	*search for*
-fyalwa	*be born*

G
Geti	*gate*
Gilajuwesheni	*graduation*
Gile	*gray*

H
Histoli	*history*

I
Ibala/gadeni	*garden*
Ibanki	*bank*
Ibotolo	*a bottle*
Ibulaushi	*blouse/s*
Icaalo	*country*
Icantanshi	*first*
Ici	*this*
Ici cintu	*this thing*
Icibansa candeke/eyapoti	*airport*
Icibata	*duck*
Icibelushi	*Saturday*
Iciishi/ailandi	*island*
Icijapanishi	*Japanese language*
Icijemani	*German language*
Icilaka	*thirst*
Icilangililo	*example*
Icilye	*court of law*
Icinamalawi	*Malawian language*
Icinanasi	*pineapple*
Icintu	*a thing*
Icipotugishi	*Portuguese language*

Icisankano	*meeting*
Icishinka/icacine	*truth*
Icisungu	*English language*
Icitabo/ibuuku	*book*
Icitunshitunshi/tivi	*Television*
Ifinji	*a lot*
Ifintu	*things / articles / items*
Ifisabo	*fruit(s)*
Ifisabo	*fruit*
Ifitabo/amabuuku	*books*
Ifwe	*we/us*
Ifwe bene	*we (emphasis)*
Ifyakucita	*activity/activities*
Ifyakufwala	*clothes*
Ifyakufwala pabwinga	*wedding clothes*
Ifyakulya	*food*
Ifyapusana pusana	*Various*
Ifyebo/amafunde	*law*
Ifyumbu/kandolo	*sweet potatoes*
Ikala	*spend the day*
-ikala tondolo	*Be quiet*
Ikalashi	*a glass*
Ikana	*thousand*
Ikana	*one hundred*
Ikana limo	*one thousand*
Ikapuputula	*short trousers*
-ikila	*disembark*
Ikonomishiti	*economist*
Ikoti	*coat*
Ikumi	*ten*
Ilaya/indeleshi	*a dress*
Iini / amaani	*egg/s*
Iloba	*land, soil*
Ilyashi	*News also see dialogue*
Ilyashi	*Dialogue also see news*
-imba	*sing*
Imbala//puleti	*a plate*
Imbalala	*peanuts/groundnuts*
Imbushi	*goat*
Imbwa	*dog/s*
Imfwa	*death*
Imikalile	*way of living*
Imimana	*rivers*

Iminima	*stand, wait, stop*
Imiti	*trees*
Impanga	*a sheep*
Impashi	*biting ant/s*
impepo/ukutalala	*cold*
Impili	*mountains*
Impilipili	*pepper*
Impili-pili	*pepper*
Imwe	*you*
Imwe bene	*you (emphasis)*
Imyaka	*years*
-ina	*fat, plump, thick*
Inama	*animals*
Inama	*meat*
Inama ya mbushi	*goat meat*
Inama ya mbushi	*goat meat*
Inama ya mpanga	*mutton*
Inama ya ng'ombe	*beef*
Inama ya nkumba	*pork*
Inama yakoca	*roast meat*
Inama yankoko/inkoko	*chicken*
Indimu/ilemoni	*lemon*
Ine	*I*
Ine wine	*I (emphasis)*
Inengu	*spy, investigator*
Ing'anda	*house*
Ing'ombe	*cow, cattle*
-ingila	*enter*
Ingishamo/divaida	*divide by*
Injiniya	*engineer*
Injiniyalingi	*engineering*
Inkalamo	*lion/s*
Inkoko	*chicken*
Inkoloko	*Watch*
Inkonde	*banana/s*
Inkumba	*pig*
Inkuni	*firewood*
Insa/amaawa	*hour/s*
Insamushi/matsi	*mathematics*
Insapato	*shoes*
Inshimu	*bee/s*
Inshita nshi?	*what time is it?a*
Insla	*hunger*

Insoka	*snake*
Intambi	*tradition/culture*
Intambi	*culture, manners*
Inyimbo	*songs*
Inyunzi	*newspaper*
Ipasaka	*Easter*
-ipi	*short*
-ipika	*cook*
-ipusha	*ask*
Ipusheeni	*ask each other (honorific)*
-isa	*Come*
Isabi	*fish*
Isala	*Close*
Iseeni bonse	*you (all) come*
Ishati	*shirt*
Ishina	*Name*
Ishiwi	*word*
Ishuko/ilaki	*luck*
Isitolo/shopu	*a shop/store*
Isukulu	*school*
Isula	*Open*
-ita	*invite*
Itwa	*be done, held*
-itwa	*To be called*
Iwe	*you*
Iwe wine	*you (emphasis)*
Iyaadi/ulubansa	*Yard*
Iyee mayo!	*oh my mother! oh my!*

J

jamu	*jam*
Janyuwali	*January*
Jogilafi	*geography*
Jonalizimu	*journalism*
Julayi/	*July*
Juni/akapepo kakalamba	*June*

K

Kaala	*color*
Kabasa wa mbao/kapenta	*carpenter*
Kabeki	*cabbage*
Kafitelya	*cafeteria*
Kafundisha/ticha	*teacher*
-kala	*sit, live, stay*
Kalashi	*class*
Kalenda	*calendar*
Kamfulumende	*government ministry*
Kanshi	*therefore*
Kapu	*a cup*
Kashika	*light, red*
Kasuli	*last born child*
Katapakatapa/gilini	*green*
Kateeka/intungulushi	*president/leader*
Keke	*cake*
Kemba	*musician*
Kemesitili	*chemistry*
Kicini/cikini	*kitchen*
Kilo	*a kilo(gram)*
Kofi	*coffee*
Kola	*collar*
Koleji	*college*
Komesi	*commerce*
Kompyuta	*computer*
Koneka	*turn*
-koneka	*Turn*
-konka	*Follow*
-konkanyapo	*proceed*
-konkelesha	*Imitate*
Kosi	*course/s*
Kota	*quarter*
Kota tu	*quarter to*
Kotapeela	*avocado*
Ku-	*to, from, towards*
Kukabanga	*east*
Kukulyo	*to the right hand side (also the hand one uses for eating)*
Kukuso	*to the left hand side*
-kula	*grow up*
-kulu	*big / large*

-kulu	*big*
Kuma	*around*
Kumasamba	*west*
Kusaufi	*to the south*
Kutali/ukulepa	*far*
-kuti	*be able/can*
Kuti banjelelako	*excuse me/us*
Kutumpu/Maci	*March*
Kwisa?	*where?*

L

-laba	*forget*
Labu	*laboratory*
Laibulali	*library*
Lala	*Sleep*
Landa	*say (singular)*
-landa	*say, speak*
Landa kabili?	*what's up?*
Landeni	*say (plural/honorific)*
Landisha	*speak loudly*
Leelo	*today*
Leelo/bati	*but*
-leemba	*write*
Leesa	*God*
Leesa akupale	*God bless you*
Lekica	*lecture*
Lekica	*lecture*
Lingi	*ring*
Lingwistikisi	*linguistics*
Lino line/nomba line	*right now*
-lipila	*pay*
-lipila/amalipelo	*pay*
Litilica	*literature*
Litilica	*Literature*
-londolola	*introduce*
-londolola	*Explain*
-lota	*dream*
Lundapo tunoono	*add a bit more*
Lunshi	*housefly/flies*
Lupwa	*relative*
-lwala	*Be sick*
-lya	*eat*

Lya-	*of*

M

Mailo	*tomorrow*
Mailo	*yesterday*
Majalini/bata	*margarine/butter*
Mango	*mango*
Mapu	*map*
Matimati/tomato	*tomatoes*
Matsi/insamushi	*mathematics*
Mayeu	*thinned fermented maize porridge*
Mayofyala	*paternal aunt*
Meli Kilishimashi	*Merry Christmas*
Mita	*meter*
-mona	*see*
-monana	*see each other*
MuBulitishi/umungeleshi	*a British person*
Muleshitisha shinga?	*how much are you selling for?*
Muleumfwa?/muletesha?	*do you understand? (plural/honorific)*
Mulishani	*hello (plural, honorific)*
Mulishani?	*how are you?*
Mung'wing'wi	*mosquito/es*
Munjeleleko ninduba!	*I am sorry*
Muno	*In here*
Munyina	*sibling*
Mupamba	*it is impossible*
Mupeepi	*near*
Mupepi	*near*
Mutanda	*six*
Muziyamu	*museum*
Mwa?	*Is that so?*
Mwabombeni mukwai	*good afternoon*
Mwaikala shani?	*how did you spend the day?*
Mwaiseeni	*Welcome*
Mwaiseni!	*welcome*
Mwasendama shani?	*how did you sleep?*
Mwashibukeni	*good morning*
Mwende umutende	*go well/travel well (singular)*
-mwentula/simaila	*smile*
Myuziki/inyimbo	*music*
Myuziki/inyimbo	*music*

N

Na	*and*
na-	*and*
Na inshi	*by what means?*
Na naani	*with whom?*
Naashi	*nurse*
Naatasha	*thank you*
Nacimbi	*another*
Nafuma	*I come from*
Naikalafye bwino	*I spent the day well*
Namutekenya/talaifa	*driver*
Nangu / salula	*fry*
Nangu cingabefyo	*even though*
-nao/nabo	*also, too*
Natasha/natotela	*thank you*
Natasha/natotela	*thank you*
Natotela!	*thank you*
Ndeke	*airplane*
Ndekeni	*leave me alone!*
Ndelefye bwino	*I slept well*
Ndeumfwa	*I am understanding*
Ndi	*I am*
Ndifye bwino	*I am fine*
Ndubulwila/loya	*lawyer*
Neeka	*alone*
Nga	*If*
-nga	*how many*
-nina	*climb, get on board*
Ninkwata	*I have*
Nishinga?	*how much? what is the price?*
Njikala	*I live*
Nkashi	*sister*
Nko nko nko	*knock knock knock*
Nomba line	*just now, recently*
Nsambilila	*I study/learn*
Nshaishibe	*I do not know*
Nshatemwa	*I do not like*
Nshi?	*what*
Nshileumfwa	*I am not understanding*
Nsofu	*elephant/s*
Nwa	*drink*
-nwa	*drink*

O
-obe	*your*
Olaiti	*all right*
Olenjii	*orange*
Olide/icuuti	*holiday*
-onda	*slim, thin*
Oo	*is it?*
-oowa	*Swim*
Osteo	*hall of residence*
Otela	*hotel, restaurant*

P
Pa shopu	*at the shop*
Pa yunivesiti	*at the / university*
Paabula	*nine*
Paate	*party*
Pafya	*about*
Pailoti	*pilot*
Pakati	*In between, between*
Pakati nankati	*In the middle, at the center*
Pakuti	*that*
-palana	*look alike / resemble*
Pali inonshita	*At the moment*
Palicibili	*Tuesday*
Palicimo	*Monday*
Palicine	*Thursday*
Palicisaano	*Friday*
Palicitatu	*Wednesday*
Pamuulu	*above, on top of*
Pano pene	*right here*
Panono	*a little bit*
Panono-panono	*Slowly*
Panshi	*below, floor, ground*
Pantanshi	*in front of, ahead*
Pantu	*because / due to*
Panuma	*afterwards*
Papokola	*policeman*
-pekanya	*prepare*
Pensulo	*pencil*
Pesamba	*below*
Pikica	*picture*

-poka	*receive*
Pola	*get well*
Politikisi	*political science*
Popo	*paw paw / papaya*
Poshi	*one*
Pulofesa	*professor*
Pulogalamu/taimutebo/ubutantiko	*programme/timetable*
Puushi	*cat/s*
Pyanga	*sweep*

S

-sa	*which*
Saala	*choose*
Saana/nganshi	*a lot / very much*
Saikoloji	*psychology*
Saluni	*saloon*
-samba	*bathe, take a shower*
-sambilila/-soma	*learn*
Samwa	*be proud*
Sanshapo/lundapo	*add, plus*
Sayansi	*science*
Sayantisiti	*scientist*
Seenda	*Take*
-sefya	*celebrate*
Seka	*laugh*
Semina	*seminar*
Sentensi	*sentence*
Shalenipo	*good bye*
Shani	*hie*
Shani	*hello (singular)*
-shiba	*Know*
Shikulu	*grandfather*
Shimakwebo	*shopkeeper*
Shinde/epuleo	*April*
Shing'anga/dokotala	*doctor*
Shing'anga/dokotala	*doctor*
-shita	*Buy*
-shitisha	*Sell*
Shuga	*sugar*
Sinema	*cinema, film*
Sipinaci	*spinach*
Sondo	*Sunday*

Sopo	*soap*
Sosho sayansi	*social sciences*
Sosholoji	*sociology*
Statistikishi	*statistics*
-suma	*good / nice / beautiful / handsome*
Supuuni	*a spoon*
Suti	*suit*
Sweeta	*jersey*
Sweta	*sweater, jersey*

T

Tabatemwa	*they do not like*
Taimusha	*multiply*
Taimutebo	*timetable*
Takuli ilyashi	*nothing special*
Talaushi/itoloshi	*long trousers/pants*
-tali	*tall, long*
-tamba	*look, watch, observe*
Tandala	*visit*
Tapali	*there is nothing*
Tatemwa	*s/he does not like*
Tatwatemwa	*we do not like*
Tauni	*town*
-teka	*keep or raise (animals)*
Temwa	*love*
-temwa	*like/ love*
-temwa	*be happy*
-temwa	*like, enjoy*
Tenesi	*Tennis*
Tesha/kutika	*listen (singular)*
Tesheeni/kutikeni	*listen (plural/ honorific)*
Ticha/kafundisha	*Teacher*
Tii	*Tea*
Tiipoti	*a teapot/ coffeepot*
Tisheti/shikipa	*t-shirt/s*
-toloka	*cross, go across*
Tulanda shaani?	*how do we say…in Bemba?*
Tulifye bwino	*we are fine*
-tumpa	*dumb, foolish, ignorant*
-tusha	*Rest*
Twalamonana	*catch you later*

U

ubalumeendo	*boys*
Ubuciku	*night (time)*
Ubunonshi	*success*
Ubupe/icabupe	*a present / presents*
Ubusanshi/beeti	*bed*
ubushiku bwakufyalwa/befide	*birthday*
ubutungulushi	*leadership/ administration*
Ubwali	*stiff mealie meal porridge*
Ubwalwa	*beer*
Ubwalwa	*beer*
Ubwato	*boat*
Ubwikalo bwa pa yunivesiti	*university life*
Ubwinga	*wedding*
Uko	*over there (where the listener is)*
Ukubumba	*to mold*
Ukucinda dance	
Ukutamba	*to watch*
Ukucipa	*to be cheap*
Ukudula!/ukuluma umutengo!	*to be very expensive!*
Ukufuma	*to come from*
Ukufunda	*Teaching*
U	*to love, want, like*
U	*to be photographed*
Ukukumana	*meet with*
Ukulya	*to eat*
Ukumfwa	*to listen*
Ukunwa	*to drink*
Ukupepa	*pray*
Ukusambilila/ukusoma	*to learn*
Ukusambilisha	*to teach*
Ukushimika	*narrative*
Ukusukusa mukanwa	*brush teeth*
Ukuya	*to come*
Ukwangala	*to play*
Ukwate wikendi iisuma	*have a nice weekend*
Ukwiisosha	*explaining*
Ukwimba	*to sing*
Ukwishiba	*to know*
Uluceelo/kumaca	*early morning*
Uluceelo-celo	*very early in the morning*
Ululimi/icitundu	*language*

Ulupili	*mountain*
Ulupiya/impiya	*money*
Ulupwa/family	*family*
Ulusuba	*Summer*
Ulusuba lukalamba/Okutoba	*October*
Ulusuba lunoono/Seputemba	*September*
Ulya	*that (person)*
Umfwa/ishiba	*understand, know*
Umo	*In there*
Umufishi	*black person*
Umugiliki	*a Greek person*
Umujapanishi	*Japanese (person)*
Umukaka	*milk*
umukaka uwasasa	*sour milk*
Umukalamba	*elder sibling*
Umukankala	*rich (person)*
Umukashana	*girl*
Umukate/buleti	*bread/loaves of bread*
Umulabasa/ledyo	*Radio*
Umulimi/shimafamu	*farmer*
Umulumendo	*boy*
Umunandi	*friend*
Umunowijani	*a Norwegian*
Umuntu	*person*
Umupunga/laishi	*rice*
Umusalu	*vegetable(s)*
Umusambi/kasukulu	*student*
Umusebo	*street, neighborhood, direction*
Umushi	*rural home*
Umushilika	*soldier*
Umushipi/beuti	*belt*
Umushishi	*hair*
Umusumba	*city*
Umusumba ukalamba	*capital city*
Umusunga/poleji	*porridge*
Umusungu	*white person*
Umusungu	*a European/white person*
Umutemwikwa	*dear*
Umuti	*Medicine*
Umuto/supu	*sauce/gravy*
Umwaana	*child*
Umwaana umwanakashi	*daughter*
Umwaana umwaume	*son*

Umwaana wandi	*my child*
Umwaice	*young/small person*
Umwaka upya(Nyuyee)	*new year*
Umwanakashi/umukashi	*woman, wife*
Umwaume	*man*
Umwele	*a knife*
Umweni	*visitor / guest*
Umwiina Afilika	*an African*
Umwiina Amelika	*an American*
Umwiina Tanzania	*a Tanzanian*
Umwiina Zambia	*a Zambian*
Umwiina-Zimbabwe	*a Zimbabwean*
Utushinda /utunyelele	*ant/s*
Utushishi	*insects*
Uyu	*This*
Uyu mulungu uleisa	*next week*
Uyu mulungu wapwa	*last week*
Uyu mwaka uleisa	*next year*
Uyu mwaka wapwa/wapwile	*last year*
Uyu mweeshi uleisa	*next month*
Uyu mweeshi wapwa	*last month*
Uyu wine	*s/he (emphasis)*

W

Waini/ndifai	*wine*
Wende (singular)/mwende (plural)umutende!	*safe trip!*
Weta/kapekanya	*waiter/waitress*
Wikale umutende	*have a nice day!*
Wikendi/pamulungu	*weekend*
Wiki yapwa	*last week*

Y

-ya	*go*
Yama	*uncle*
Yandi	*my*
Yelo	*Yellow*
Yunifomu	*uniform*
Yunivesiti	*university*

Z

Zuuloji	*zoology*

English-Bemba Glossary

A

A little bit	*Panoono*
A lot	*Ifingi*
About	*Pafya*
Above, on top of	*Pamulu*
Accountant	*Akauntanti*
Activity/activities	*Ifyakucita*
Add, plus	*sansha/lundapo*
Afterwards	*Panuma*
Airplane	*Ndeke*
Airport	*eyapoti/icibansa ca ndeke*
All (people)	*Bonse*
All of us	*Bonse*
Alone	*Neka*
All right	*Olaiti*
Also, too	*nao/nabo*
America	*Amelika*
An African	*Umwiina Afilika*
An American	*Umwiina Amelika*
An astronaut	*Abayakumweshi*
And	*Na*
Animals	*Inama*
Another	*Naumbi*
Answer (singular)	*Asuka*
Answer (plural/honorific)	*yasukeeni (plural, honorific)*
Ant/s	*utushinda/akanyelele*
Anthropology	*Amfulopoloji*
April	*Epuleo/Shinde*
Around	*Kuma*
Arrive, reach	*-fika*
Ask	*-ipusha*
Ask each other	*ipushaneni*
At the moment	*Pali inonshita*
August	*Ogasiti/Akasaka ntobo*
Aunt	*Bamayosenge/bamayo mwaice/mukalamba*
Avocado	*Kotapela*

B

Ball	*Bola/umupila*
Banana/s	*Inkonde*
Bank	*Icipao candalama/Ibanki*
Bathe, take a shower	*-samba*
Be able/can	*-kuti*
Be born	*-fyalwa*
Be cheap	*-cipa/naka umutengo*
Be done, held	*Citwa*
Be happy	*-temwa*
Be proud	*Ba necilumba*
Be quiet	*-tondolo/talala*
Be sick	*-lwala*
Beans	*Cilemba*
Because / due to	*Pakuti*
Bed	*ubusanshi/beeti*
Bee/s	*Inshimu*
Beef	*Inama ya ng'ombe*
Beer	*Ubwalwa*
Below	*Pesamba*
Below, floor, ground	*Panshi*
Belt	*umushipi/beuti*
Big	*-kulu*
Birthday	*ubushiku bwakufyalwa/befide*
Biting ant/s/red ants	*Impashi*
Black person	*Umufishi*
Blouse	*Ibulaushi*
Blue	*Buulu*
Boat	*Ubwato*
Book	*Icitaabo/ibuuku*
Books	*Ifitao/amabuku*
Bookshop/store	*Bukushopu*
Botany	*Botani*
Bottle	*Ibotolo*
Boy	*Umulumendo*
Boys	*Abalumendo*

Bra	*Akafungamabele*
Bread/ loaves of bread	*umukate/buleti*
Break	*Buleki/kutusha*
Bridge	*Biliji/ubulalo*
British person	*Umubulitishi/Umungeleshi*
Brown	*Bulauni*
Brush teeth	*-sukusa ameeno*
Bus	*Basi*
But	*lelo/nomba/bati*
Buy	*-shita*
By what means?	*na nshi?*

C

Cabbage	*Kabeki*
Cafeteria	*Kafitelya*
Cake	*Keke*
Calendar	*Kalenda*
Capital city	*umusumba ukalamba*
Carpenter	*kabasa wa mbao/ kalipenta*
Carrot/s	*Amakaloti*
Cars	*Bamotoka*
Cat/s	*Pushi/nyau*
Celebrate	*-sefya*
Celebration	*Amalila*
Change	*Ceenji*
Chemistry	*Kemestili*
Chicken	*Inama yankoko/inkoko*
Child	*Umwana*
Children	*Abaana*
Choose	*Sala*
Church	*calici/ing'anda ya mulungu*
Cinema, film	*Sinema/ubunkolanya*
City	*Umusumba*
Class	*Kalashi*
Clean	*-ubusaka*
Clever, bright	*-cenjela*
Climb, get on board	*-nina*
Close	*Isala*

Clothes	*Ifyakufwala*
Coat	*Ikoti*
Coffee	*Kofi*
Cold	*Impepo*
Collar	*Kola*
College	*Koleji*
Color	*kaala/ilangi*
Come	*-isa*
Come from, go out	*-fuma/kabiye panse*
Commerce	*komesi*
Computer	*kompyuta*
Condolences	*cabulanda!mwalosheeni*
Congratulations!	*epashili pakuleka!/mwabombeni*
Cook	*-ipika*
Cooking oil	*amafuta/saladi*
Corn/maize	*amataba/inyanje*
Country	*Icalo*
Course/s	*kosi*
Court of law	*Icilye*
Cow, cattle	*Ing'ombe*
Cross, go across	*-toloka/ciluka*
Culture, manners	*Intamb/misaangoi*
Cup	*kapu*

D

Date (on a calendar)	*deti/ubushiku*
Daughter	*umwana umwanakashi*
Day after tomorrow	*bulya bushiku*
Day before yesterday	*bulya bushiku*
Day, sun	*Bushiku/akasuba*
Dear	*Umutemwikwa*
Death	*Imfwa*
December	*Umupundu milimo/Disemba*
Department	*Dipatimenti/iciputulwa*
Dialogue/news	*Ilyashi*
Die	*-fwa*
Disco	*Dishiko*
Disembark	*-ikila*
Dissertation/thesis	*disetesheni/fesisi*

Divide by	*ingishamo/divaida*
Doctor	*shing'anga/dokotala*
Dog/s	*Imbwa*
Dream	*Lota*
Dress	*ilaya/ indeleshi*
Drink	*dilinki/icakunwa*
Drink	*-nwa*
Drive	*-ensha*
Driver	*namutekenya/talaifa*
Duck	*Icibata*
Dumb, foolish, ignorant	*-tumpa/bututu*

E

early morning	*ulucelo/kumaca*
East	*Kukabanga*
Easter	*Ipasaka*
Eat	*-lya*
Economist	*ikonomishiti*
Education	*Ejukesheni/amasambililo*
Egg/s	*ilini / amani*
Eight	*Cine- konse -konse*
Eighty	*Amakumi cine konse konse*
Elephant/s	*Nsofu*
Engineer	*Injiniya*
Engineering	*Injiniyalingi*
English language	*Icisungu*
Enter	*-ingila*
Essay	*Esee*
European/White person	*Umusungu*
Even though	*nangu cingaba ifyo*
Example	*Icilangililo*
Excuse me/us	*kuti banjelelako ukudula/ukuluma/ukukosa*
Expensive	*umutengo*
Explain	*londolola*

F

Faculty	*fakoti*
Family	*ulupwa/famili*
Far	*kutali/ukulepa*
Farmer	*umulimi/shimafamu*
Fat, plump, thick	*-ina/fundumana/tikama*
Father	*Tata/Batata*
February	*Febuluwali/akabengele kakalamba*
Feet	*amakasa*
Fifty	*amakumi asaano*
Finish	*pwisha*
Firewood	*Inkuni*
First	*icantanshi/icapakubala*
Fish	*Isabi*
Five	*fisaano*
Flat/apartment	*fulati*
Flowers	*amaluba*
Follow	*-konka*
Food	*Icakulya*
Foolish, ignorant	*ubupuba/ukukanaishiba*
Forget	*-laba*
Fork	*foloko*
Forty	*amakumi yane*
Four	*fine*
Friday	*palicisaano*
Friend	*umunandi*
fruit(s)	*ifisabo/ifitwalo*
Fry	*salula*

G

Garden	*ibala/gadeni*
Gate	*Geti*
Geography	*Jogilafi*
German language	*Icijemani*
Get well	*-pola*
Girl	*umwanakashi*
Girls	*abakashana*
Glass	*Ikalashi*
Glove/s	*Amagulofu*

Go	-ya
Go well/ travel well (singular)	wende umutende
Goat	Imbushi
Goat meat	(Inama ya) mbushi
God	Lesa
Good / nice / beautiful / handsome	-suma
Good afternoon	Mwabombeni/kacili kasuba mukwai
Good bye	Shalenipo
Good evening	cungulopo mukwai
Good luck!	Ube/mube neshuko
Good morning	mwashibukeeni
Government	kamfulumende/kafamenti/ubuteko
Graduation	gilajuwesheni
Grandfather	Shikulu
Grandmother	mama
Greek person	Umugiliki
Green	gilini/-katapakatapa
Grey	Gile
Grow up	Kula

H

Hair	Umushishi
Half	Afu
Hall of residence	Ositeo
Hello (plural, honorific)	Mulishaani
Hello (singular)	Ulishaani
Happy New Year!	Api Nyuyee
Hat	Akasoote/cisoote
He/ she/ him/ her	Ena
Help	Afwa
Hi	shaani
History	Histoli
Holiday	Olide/cuti
Hotel, restaurant	Otela
Hour/s	insa/(ama)awa
House	ing'anda
Housefly/ flies	lunshi/balunshi

How did you spend the day?	*mwaikalashani?*
How do we say…in Bemba?	*tulanda shani..?*
How many	*-inga*
How much?	*shinga?*
Hunger	*Insala*
Husband	*Umulume*

I

I	*Ine*
I (emphasis)	*Ine wine*
I am sorry	*banjeleleko ninduba!*
I come from	*Nafuma*
I have	*Ninkwata*
I study/learn	*Nsambilila/nsoma*
Imitate	*-konkelesha*
In between	*Pakati*
In front of, ahead	*Pantanshi*
In here	*Muno*
In the middle, at the center	*pakatinankati*
In there	*mulya*
industries	*amaindastili*
Insects	*Ifishishi/Utushishi*
Introduce	*-londolola*
Invite	*-ita*
Is it?	*Oo/efyo*
Is that so?	*mwa?*
Island	*Iciishi/ailandi*
It is alright	*Cisuma*

J

Jam	*Jamu*
January	*Akabengele kanono/Janyuwali*
Japanese (person)	*Umujapanishi*
Japanese language	*Icijapanishi*
Jersey	*Sweeta*
journalism	*Jonalizimu*
July	*Julayi/icikungulupepo*
June	*Juni/akapepo kanono*
Just now, recently	*nomba line*

K

Keep or raise (animals)	-teka
Kilo(gram)	Kilo
Kitchen	kiceni/cikini
Knife	umwele/naifi
Knock knock knock	nko nko nko
Know	-ishiba

L

Laboratory	laabu
Lakes	babemba
Land, soil	iloba/umushili
Language	ululimi/icitundu
Last born child	Kasuli
Last week	uyu mulungu wapwa/wapwile
Last week	iyi wiki yapwa/yapwlei
Last year	uyu mwaka wapwa/wapwile
Laugh	Seka
Law	Ifyebo/lo/ifunde
Lawyer	Ndubulwila/loya
Leadership/administration	Ubutungulushi
Learn	-sambilila
Leave me alone!	Ndekeni/ndeka
Lecture	Lekica/isambililo
Left hand	Kukuso
Lemon	indium/ilemoni
Library	Laibulali
Light, red	-kashika
Like, enjoy	-temwa/sangalala
Like/love	-temwa
Linguistics	Lingwistikisi
Lion/s	Inkalamo
Listen (plural/honorific)	umfweni/tesheni/kutikeni
Listen (singular)	tesha/umfwa/kutika
Literature	Litilica
Long trousers/pants	talaushi/itoloshi
Look	Mona/lolesha

Look alike / resemble	-palana
Lorry	Loli/cimotoka
Love	Icitemwiko
Lower the price	bweshako umutengo!
Luck	ishuko/ilaki

M

Maize, corn	amataba/inyanje
Malawian language	Icina Malawi/lulimi lwaku Malawi
Man	umwaune
Mango	Mango/umwembe/embe
Map	Mapu
March	Kutumpu/Maci
Margarine/butter	majalini/baata
Mathematics	matsi/insamushi
May	Akapepo kanono/ Meyi
Meat	inama
Medicine	umuti
Meet	ukukumana
Meeting	icilongano
Men	abaume
Merry Christmas	meli Kilishimashi
Meter	mita
Milk	umukaka
Minus, subtract	fumyamo/mainasi
Minutes	bamineti
Monday	Palicimo
Money	ulupiya/impiya
Mosquito/es	mung'wing'wi
Mother, Mrs.	mayo/bamuka
Mountain	ulupili
Mountains	Impili
Multiply	tamusha/lundulula
Museum	muziyamu
Music	myuziki/inyimbo
Musician	kemba
Mutton	inama ya mpanga
My	yandi
My child	mwanawandi

N

Name	*ishina*
Names	*amashina*
Names of men	*amashina ya baume*
Names of women	*amashina ya banakashi*
Narrative	*akashimi/ukushimika/ukulondolola*
Near	*mupepi*
New year	*nyuyee*
News	*ilyashi*
Newspaper	*inyunshi*
Next week	*uyumulungu uleisa*
Next year	*uyu mwaka uleisa*
Night (time)	*ubushiku*
Nine	*Pabula*
Ninety	*amakumi pabula*
No	*awe/iyoo*
North	*kunofi/kapinda ka kuso*
Norwegian	*umunowijani*
Nothing special	*takuli fine fine*
November	*novemba/Cinshi kubili*
Nurse	*nasi*
Nursing	*buunashi*

O

October	*ulusuba lukalamba/Okutoba*
Of	*iya*
Oh my mother! oh my!	*Iyee mayo!*
Ok	*Oke*
Old man	*Umukote Shikulu bantu*
One	*Cimo*
One hundred	*Umwanda*
One thousand	*Ikana*
Onion/s	*anyense/onyoni*
Only	*fye*
Open	*Isula*
Or	*Nangu*
Orange	*olenjii/amacungwa*

Others	*Bambi*
Over there	*Apo*
Over there (where the listener is)	*Uko*

P

Party	*Amaliila (pate)*
Paternal aunt	*bamayo senge*
Paw paw / papaya	*Popo/ipapau*
Pay	*-lipila*
Peanuts/groundnuts	*Imbalala*
Pencil	*Pensulo*
People	*Abantu*
Pepper/chilli	*Impilipili*
Person	*Umuntu*
Pharmacist	*Famasisti*
Philosophy	*Filosofi*
Physics	*Fishikishi*
Picture	*Pikica*
Pig	*Ng'kumba*
Pilot	*Pailoti*
Pineapple	*Icinanasi*
Plate	*Imbale/puleti/insani*
Play	*Angala*
Policeman	*Kapokola*
Political science	*Politikisi*
Poor (people)	*Abapina*
Pork	*(Inama ya) nkumba*
Porridge	*Umusunga/poleji*
Portuguese language	*Icipotugishi*
Potatoes	*ifilashi/amapoteto/ifyumbu*
Pray	*Ukupepa*
Prepare	*-pekanya*
Present / presents	*ubupe/ifyabupe*
President/leader	*Kateeka/Intungulushi*
Proceed	*-konkanyapo*
Professor	*Pulofesa*
programme/timetable	*Taimutebo*
Psychology	*Saikoloji*
	Kota

Q
Quarter	
Quarter to	kota tu
Questions	Amepusho

R
Radio	Umulabasa/ledyo/umulabasa
Read, study	-belenga/-soma
Receive	-poka
Relative	Lupwa
Repeat (plural/ honorific)	Bwekeshenipo
Repeat (singular)	Bwekeshapo
Rest	-tusha
Rice	umupunga/laishi
Rich (person)	Umukankala
Right hand	Kukulyo
Right here	pano pene
Right now	lino line/nomba line
Ring	Lingi
River	umumana/akamana
Rivers	Imimana
Roast meat	inama yakoca
Run	butuka!
Rural home	Umushi

S
S/he (emphasis)	Ena
Salad	Amasaladi
Saloon	Saluni
Saturday	Icibelushi
Sauce/gravy	umuto/supu
Say (plural/honorific)	Landeni
Say (singular)	Landa
Say, speak	-landa/-sosa
School	Isukulu
Science	Sayansi
Scientist	Saintishiti

Search for	Fwaya
Second	-bili
See	-mona/lolesha
See each other	-monana
Sell	-shitisha
Seminar	Semina
Sentence	Sentenshi
Sentences	Basentenshi/amashiwi
September	Ulusuba lunoono/Seputemba
Seven	cine lubali
Seventy	amakuni cine lubali
Sheep	Impanga
Shirt	Ishati
Shoes	Insapato
Shop	Shopu/ituka/ishitolo
Shop/store	Ishitolo
Shopkeeper	Shimakwebo/shimatuka
Short	-ipi
Short trousers	Kaputula
Sibling	Munyina
Sing	-imba
Sister	Nkashi
Sit, live, stay	-ikala
Six	Mutanda
Sixty	amakumi mutanda
Sleep	-lala
Slim, thin	-onda
Slowly/gently	panono panono
Small / young	-aice/cinono/kanono/banono
Smile	-mwentula/ simaila
Snake	Insoka
So so	fino fine
Soap	Sopo
Social sciences	sosho sayansi
Sociology	Sosholoji
Soldier	Umushilika
Son	umwana mwaume
Songs	Inyimbo
Sour milk	umukaka wasasa

Speak loudly	*Landisha*
Speak!	*landa!*
Spend the day	*Ikala ubushiku bumo*
Spinach	*Sipinaci/musalu*
Spoon	*Supuni*
Spy, investigator	*Inengu*
Stand, wait, stop	*Ima/iminina/lindila*
Statistics	*Statistikishi/amapendo*
Stiff mealie meal porridge	*Ubwali*
Street	*Umusebo*
Student	*umusambi/kasukulu*
Success	*Ubunonshi*
Sugar	*Shuga/insukale*
Suit	*Suti*
Summer	*Ulusuba*
Sunday	*Sondo/pamulungu*
Sweater, jersey	*Sweeta/icampepo*
Sweep	*Pyanga*
Sweet potatoes	*Ifyumbu/kandolo*
Sweets	*Amaswiti*
Swim	*-oowa/samba*

T

Take	*Senda*
Tall, long	*-tali/-lepa*
Tanzanian	*Umwiina Tanzania*
Tea	*Tii*
Teach	*-funda*
Teacher	*Kafundisha/tiicha*
Teaching	*Ukufunda*
Teapot/coffeepot	*Tiipoti*
Television	*tivi/icitunshitunshi*
Ten	*Ikumi*
Tennis	*Tenesi*
Thank you	*natasha/natotela*
That	*Icakuti*
That (person)	*Ulya*
There is nothing	*tapali nangu cimo*

Therefore	Kanshi
These (people)	Aba
They (emphasis)	aba bene
They look alike	Balipalana
They/them	Abo/bena
Thing	Icintu
Things / articles / items	Ifintu
Thinned fermented maize porridge	Mayeu
Thirst	Icilaka
Thirty	amakumi yatatu
This	Ici
This (person)	Uyu
This thing	Ici cintu
Those (people)	Abo
Thousand	Ikana
Three	Fitatu
Thursday	Cine
Timetable	taimitebhuru
To be called	-ukwitwa
To be cheap	Kuchipa/kunaka umutengo
To be photographed	ukopwa pikicha/icikope kudhula!/ukukosa/ukuluma
To be very expensive!	ukukosa umutengo
To come	Ukwisa
To come from	Ukufuma
To drink	Ukunwa
To eat	Ukulya
To know	Ukwishiba
To learn/study	ukusambilila/ukusoma
To listen	ukumfwa/ukutesha
To love, want, like	Ukutemwa/ukufwaya
To mold	Ukubumba
To play	Ukwangala
To sing	Ukwimba
To teach	Ukusambilisha/ukufundisha
To watch	Ukutamba
To, from, towards	Ku-
Today	ilelo
Tomatoes	matimati/tomato

Tomorrow/yesterday	*Mailo*
Town	*tauni/akalale*
Tradition/culture	*Intambi*
Trees	*Imiti*
Trustworthy	*-bucishinka*
Truth	*icishinka/icacine*
T-shirt/s	*tisheti/shikipa*
Tuesday	*Palicibili*
Turn	*pilibuka*
Turn	*-koneka/pilibuka*
Twenty	*amakumi yabili*
Twin/s	*Bampundu*
Two	*Babili/fibili*

U

Understand, know	*Umfwa/umfwikisha/ishiba*
Uniform	*Yunifomo*
University	*Yunivesiti*
University degree	*Digili*
University life	*ubwikalo bwapa yunivesiti*
Use, utilize	*-bomfya*

V

Valentine's day	*Falentaini*
Various	*ifyapusana pusana*
Vegetable(s)	*Umusalu*
Vry much	*sana/nganshi*
Visit	*-tandala*
Visitor / guest	*Umweni*
Visitors	*Abeni*

W

Waiter/waitress	weta/ kapekanya
Wake up	-buka/shibuka
Walk	-enda
Watch	Inkoloko
Watch, observe	-lolesha/mona
Water	Amenshi
Way of living	Imikalile
We (emphasis)	Ifwe bene
We are fine	tulifye bwino
We/us	Ifwe
Wear/put on clothes	-fwala
Wedding	Ubwinga
Wedding clothes	Ifyakufwala pabwinga
Wednesday	Palicitatu
Weekend	Wikendi
Welcome	Mwaiseni
West	kumasamba
What	finshi?/cinshi/
What time is it?	Ninshita nshi?
What's up?	landa kabili?/finshi filecitika?/ati shaani?
Where?	kwisa??kwi?
Which	-chisa
Which ones?	Fiisa
Which/what type?	Cashani
White	-buta
White person	Umusungu
Who?	nani?
Wine	waini/ndifai
With whom?	Na nani/nabaani/naani
Wife	Umukashi
Woman	umwanakashi
Women	Abanakashi
Word	Ishiwi
Work (n)	Incito
Work (v)	-bomba
Write	-lemba

Y

Yard	*Iyaadi/incende*
Years	*Imyaka*
Yellow	*Yelo*
Yes	*Emukwai (honorific)/ee*
Yes/no question	*Bushe*
Yesterday/tomorrow	*Mailo (see tomorrow)*
You (singular)	*Iwe*
You (plural)	*Imwe*
You (all)	*Bonse*
You (all) come	*iseeni bonse*
You (emphasis)	*imwe bene*
You (emphasis)	*iwe wine*
Young/small	*Umwaice/akanono*
Your	*-obe*

Z

Zambian	*Umwiina Zambia*
Zimbabwean	*Umwiina Zimbabwe*
Zoology	*Zuoloji*

References

Chimuka, S. S. (1977). *Zambian languages: orthography approved by the Ministry of Education*. Lusaka : National Educational Company of Zambia (NECZAM).
Crystal, D. (1991). *A Dictionary of Linguistics and Phonetics. 3rd ed.* Cambridge: CUP

Fromkin, V. & R. Rodman. (1988). *An Introduction to Language*. Tokyo: Holy, Rinehart and Winston, Inc.

Hoch, W.F (1960) Bemba Pocket Dictionary: Bemba-English and English-Bemba. Ndola: Mission Press.

Kashoki, M. 1972. Town Bemba: A sketch of its main characteristics. *African social research*. 13: 161-186.

Mann, Michael (1999) An **Outline of Icibemba Grammar**. Edited by Mubanga Kashoki. Lusaka: Bookworld Publishers.
http://www.ethnologue.com/show_map.asp?name=Zambia ©2004 - African Travel & Safaris - Guide to Africa Wikipedia, the free encyclopedia/Zambia national anthem

Matthews, P.H. (2005). *Concise Dictionary Linguistics*. OUP: Oxford.

Oger, Louis W.F (1982) **The English Companion to Icibemba cakwa Citi Mukulu.** Chinsali: Society of Missionaries of Africa.

Miti, L. (2006). *Comparative Phonology and Morphology*. CASAS: Cape Town